逢先知
文丛

逢先知 著

中国特色
社会主义

光辉道路

三联书店

Copyright © 2019 by SDX Joint Publishing Company.
All Rights Reserved.

本作品版权由生活·读书·新知三联书店所有。
未经许可，不得翻印。

图书在版编目（CIP）数据

光辉道路：中国特色社会主义/逄先知著 .—北京：生活·读书·新知三联书店，2019.6 （2021.4 重印）
（逄先知文丛）
ISBN 978 - 7 - 108 - 05946 - 8

Ⅰ.①光⋯　Ⅱ.①逄⋯　Ⅲ.①中国特色社会主义-文集
Ⅳ.① D616-53

中国版本图书馆 CIP 数据核字（2018）第 244062 号

责任编辑	胡群英　唐明星	
装帧设计	蔡立国　刘　洋	
责任校对	张　睿	
责任印制	董　欢	
出版发行	生活·讀書·新知 三联书店	
	（北京市东城区美术馆东街22号 100010）	
网　　址	www.sdxjpc.com	
经　　销	新华书店	
印　　刷	三河市天润建兴印务有限公司	
版　　次	2019 年 6 月北京第 1 版	
	2021 年 4 月北京第 5 次印刷	
开　　本	635 毫米×965 毫米　1/16　印张 10.25	
字　　数	96 千字	
印　　数	15,001-20,000 册	
定　　价	34.00 元	

（印装查询：01064002715；邮购查询：01084010542）

逢先知工作照

1993年12月9日,邓小平接见《邓小平文选》第三卷编辑组时与逄先知握手。邓小平两旁为邓榕、王瑞林

1993年12月9日,邓小平与《邓小平文选》第三卷编辑组人员合影。前排右起:邓楠、逄先知、邓小平、郑必坚、王瑞林

总 序

1950年3月，我从华北人民革命大学分配到中南海中共中央书记处政治秘书室。这是一个专门为毛泽东主席和其他几位中央书记处书记处理群众来信来访的工作机构，后来改名中央办公厅秘书室。从同年11月起，我在田家英同志领导下，管理毛主席的图书并先后参加《毛泽东选集》一至四卷的编辑工作，担任他的秘书，直到1966年5月"文化大革命"开始。这期间，曾随田家英同志（时任中央政治研究室副主任）在中央政治研究室（毛主席决定成立的）工作了三年多；参加过毛主席指派田家英同志领导的几次重要的农村调查和工厂调查；协助田家英同志起草过一些中央文件。

"文革"中我被隔离审查，在秦城关了七年多。1975年，根据毛主席的指示，我和关在秦城的许多同志一起被释放，恢复了自由。我又到中办"五七学校"劳动锻炼了两年多。1977年恢复工作，任职于中国科学院政策研究室。

1980年，毛泽东主席著作编辑委员会办公室改组为中央文献研究室，继续编辑毛泽东的选集和其他专题文集。由于我参加过《毛泽东选集》编辑工作，组织上把我从中国科学院调到中央文献研究室。2002年，我七十三岁时从中央文献研究室的领导工作岗位上退下来，办了离休手续，后又继续工作了十年，直到2013年《毛泽东年谱（1949—1976）》出版，时年八十四岁。我于1983年被评为编审。算起来，我在中央文献研究室实际工作了三十四年，成为一名党的文献工作者。我热爱这个工作，投入了全部精力。在这三十四年里，就编研业务方面来说，我主要从事的是毛著、毛年谱、毛传的编辑和撰写工作，还参与主持《邓小平文选》一至三卷的编辑工作。

我没有什么专著，主要是结合编研工作，在报刊上发表了一些文章。从这些文章中，大体可以看出我的工作经历。

三联书店的同志提出，要为我出一套文丛。我从多年来发表的文章中选出五十九篇，按内容主题分为四册。所有这些文章，除个别篇目外，都按照发表时间顺序排列。本书引用毛泽东、邓小平的文章，均根据人民出版社1991年出版的《毛泽东选集》第2版、人民出版社1994年出版的《邓小平文选》第2卷和1993年出版的《邓小平文选》第3卷。

第一册《伟大旗帜》，谈毛泽东和毛泽东思想。这是我参加毛著、毛年谱、毛传编撰工作中写的心得体会文章，和在几次毛泽东思想研讨会上做的报告和讲话。这些文章、报告和讲话，着重介绍毛著、毛年谱、毛传，强调坚持和发展毛泽东思想，论述毛泽东的历史功绩，以及如何看待毛泽东晚年所犯的错误等，可以看作我对毛泽东和毛泽东思想的研究成果。第一册开卷篇《中国人民革命胜利的伟大纪录》，是介绍《毛泽东选集》第四卷的，发表于1960年的《中国青年》杂志。这是文丛中唯一一篇"文革"前写的文章，距今已五十七年，不可避免地带有当时的历史烙印。有五篇写毛泽东读书生活的，记录了我为毛泽东管理图书的所见所闻，为世人留下一些毛泽东读书情况的记忆。这五篇文章曾收入三联书店出版的《毛泽东的读书生活》一书。

第二册《光辉道路》，谈中国特色社会主义理论。主要介绍邓小平著作和他的中国特色社会主义理论（中共十五大定名为邓小平理论）。其中一个内容是阐述毛泽东思想和中国特色社会主义理论的关系，强调后者是对前者的继承和发展。我一直认为，这是一个非常重要的问题。把这个问题说清楚了，就可以理解中国共产党的指导思想是一脉相承的，又是与时俱进的，是马克思主义在中国具体化的历史发展过程。任何把毛泽东思想和中国特色社会主义理论割裂开来、对立起来，都是错误的。在第一册的文章中，也特别论述了这个问题。中国特色社会主义理论在实践中不断发展。继邓小平理论之后，经过江泽民提出的"三个代表"重要思想、胡锦涛提出的科学发展观，形成习近平新时代中国特色社会主义思想，成为中国共产党长期坚持的指导思想。

第三册《关键在党》，谈中国共产党的建设和党的历史。这一部分是以毛泽东思想、中国特色社会主义理论、十八大以来习近平总书记的有关讲话精神为指导，论述党建与党史方面的一些问题。这些文章主要是回答：为什么必须坚持中国共产党的领导；中国共产党有哪些独特的优势；在新的历史条件下，如何加强党的建设；怎样做一个合格的共产党员，等等。还有几篇关于中共党史的论文。有几篇我认为比较重要的，是针对党内和社会上出现的一些错误思潮，有针对性地发表的个人看法。其中《回顾毛泽东关于防止和平演变的论述》一文，曾由中央文献出版社出版过单行本。

第四册《怀人说史》，收集了为缅怀我所敬仰的几位领导同志田家英、胡乔木、胡绳和好友龚育之同志所写的纪念文章。其中《毛泽东和他的秘书田家英》是为纪念田家英同志写的长篇回忆文章。它从一个侧面，反映了"由40年代到60年代的毛泽东的思想变化，进而了解这一期间的中国共产党和中国历史命运"（胡乔木语）。文中着重记述了毛泽东派田家英组织的几次农村调查的来龙去脉，这几次调查我都参加了。这篇文章曾在几家中央级报刊连载，收入了中央文献出版社出版的《毛泽东和他的秘书田家英》一书。胡乔木同志为此文写了一篇《校读后记》。《我所了解的胡乔木同志》，原题为《永远怀念胡乔木同志》，是笔者在胡乔木诞辰八十二周年纪念座谈会上的发言，收入文丛时做了大量补充，篇幅增加了两倍。增加的内容都是从我的笔记本中摘录的，是当年胡乔木同志同我或我们的谈话记录。

另外，根据原中央办公厅秘书室五位老同志的座谈情况和另外一些知情的老同志提供的回忆材料，整理而成并在《炎黄春秋》发表的《揭穿〈戚本禹回忆录〉中的谎言》一文，作为附录收入第四册。此文由我执笔整理。

最后，做一点说明。除了文丛第四册的《我所了解的胡乔木同志》一文，其他文章均保持原貌，主要校正了个别史实的错讹，做了一些文字的修改。

逄先知
2018年7月

目　录

立足中国实际，走自己的路　1

光辉的十四年和建设有中国特色社会主义的理论　13

用建设有中国特色社会主义的理论统一全党思想　34

建设有中国特色社会主义理论是对毛泽东思想的继承和发展　51

什么是有中国特色的社会主义？　78

学习邓小平关于思想战线问题的论述　114

从十五大看马克思主义中国化　123

邓小平与中国社会主义的命运　137

立足中国实际，走自己的路[*]
——学习邓小平《建设有中国特色的社会主义》增订本

最近出版的《建设有中国特色的社会主义》增订本，编入邓小平同志1982年十二大至1987年1月这一时期的重要讲话和谈话，共四十四篇，比1984年出版的《建设有中国特色的社会主义》的篇幅增加了一倍以上。这个增订本可以看作1983年出版的《邓小平文选（一九七五——一九八二年）》的续编。

把马克思主义的普遍真理同我国的具体实际结合起来，走自己的道路，建设有中国特色的社会主义，这是邓小平同志总结我国建设社会主义的长期历史经验得出的基本结论，是贯穿增订本全书的根本指导思想。

回顾历史，中国共产党为探索中国革命道路，经历了漫长而艰难的岁月，付出许多代价和牺牲，终于在毛泽东同志领导下，找到了一条适合中国情况的，具有中国特色的，以农村包围城市，最后夺取城市和全国胜利的革命道路，取得了新民主

---

[*] 这篇文章发表在《红旗》杂志1987年第8期。

主义革命的成功。同样，为了探索一条适合中国情况的建设社会主义的道路，中国共产党也经历了很长的时间，并且付出过高昂的代价。从50年代开始，毛泽东同志和其他一些老一代革命家都为此做过艰苦的努力，从不同的方面，在不同的问题上，做出各自的贡献，提出一些至今仍然闪耀着光芒的思想；也曾想到对当时已有的社会主义现成模式在某些方面应有所突破，做一些改变，希望开创出一条自己的路子来。但是，由于历史条件的限制，更由于后来在指导思想上发生错误，当时我们党没有能完成这一任务，而且还犯过严重错误。

十一届三中全会以后，我们党以邓小平同志为代表，对建国以来的历史进行全面的深刻的总结，实事求是地作出科学的分析和论断，使全党在新的条件下，继承和坚持我们过去一切正确的符合马克思主义的东西，纠正和抛弃一切错误的违反马克思主义的东西，恢复和发扬一切被破坏了或者被歪曲了的正确的东西。同时，在马克思主义的指导下，从不断变化发展的实际出发，探索新的问题，创造新的局面，开拓新的路子。在总结历史经验的基础上，经过几年勇敢而又谨慎的探索和实践，我们党终于找到了一条建设有中国特色的社会主义的道路，根据中国的实际把马克思主义向前推进了一步。邓小平同志说："中国革命的成功，是毛泽东同志把马克思列宁主义同中国的实际相结合，走自己的路。现在中国搞建设，也要把马克思列宁主义同中国的实际相结合,走自己的路。"[1]建设有中国特色的社会主义,就是以邓小平同志为代表的中国共产党人坚持和发展马列主义、毛泽东思想的成果。

邓小平同志指出:"什么叫社会主义,什么叫马克思主义?我们过去对这个问题的认识不是完全清醒的。马克思主义最注重发展生产力。……社会主义阶段的最根本任务就是发展生产力。"[2]"十一届三中全会以后,我们探索了中国怎么搞社会主义。归根结底,就是要发展生产力,逐步发展中国的经济。"[3]他针对极左思潮对于社会主义的歪曲,多次指出:贫穷不是社会主义,社会主义要消灭贫穷;不发展生产力,不提高人民的生活水平,不能说是符合社会主义要求的。社会主义阶段的根本任务是集中力量发展生产力,这是邓小平同志一贯的思想,也是他总结建国以来的历史经验得出的最重要的结论。马克思主义认为,生产力是人类社会发展历史中起决定作用的因素。一个新的社会制度代替和战胜旧的社会制度,归根到底,在于它能创造更高的生产力和劳动生产率。社会主义制度对于资本主义制度当然也是这样。而且,社会主义社会还要为物质产品极大丰富、实行各尽所能按需分配的共产主义社会创造物质基础。提出社会主义阶段的根本任务是集中力量发展生产力,正

---

[1]《邓小平文选》第3卷,人民出版社1993年版,第95页。
[2] 同上书,第63页。
[3] 同上书,第117页。

是坚持了历史唯物主义的根本观点。由于中国是在生产力低下、经济落后的条件下进行社会主义建设的，因此，强调发展生产力有特别重要的意义。

明确了社会主义阶段的根本任务是什么，这就解决了长期以来被搞乱了的关于怎样搞社会主义这个根本性的问题。1956年社会主义改造基本完成以后，党的八大的决议曾经正确地指出，今后的主要任务是发展社会生产力。这个正确方针后来被"以阶级斗争为纲"的"左"的指导思想所否定，长期得不到贯彻执行。直到十一届三中全会才恢复了这个方针，把全党的工作重点转移到现代化建设上来。但是，怎样发展生产力，用什么方法发展生产力，过去我们党也进行过探索和实践，其中有成功的，也有不成功的，例如"大跃进"的方法，"政治挂帅"的方法，就是不成功的，它们不但违反了经济发展规律，而且脱离了中国的实际。十一届三中全会以后，我们党总结经验，解放思想，从中国的实际出发，逐步提出改革、开放、搞活等一系列有利于发展生产力的方针和政策。

邓小平同志在他的许多讲话和谈话中，对于为什么要实行改革、开放、搞活的方针和政策，作了全面的、深刻的阐述。他在三中全会前后就开始讲这个问题，十二大以后进一步展开。他说：中国要得到发展，必须坚持对外开放、对内改革。像中国这样的大国搞建设，主要是靠自己。但是，在坚持自力更生的同时，还需要对外开放，吸收外国的资金、技术和管理经验来帮助中国发展。中国的发展离不开世界，关起门来搞建设是不能成功的。任何一个国家要发展，孤立起来是不可能的，闭关自守是不可能的。他反复说明，中国的开放政策是正确的，是不会改变的，而且还要更加开放。如果没有对外经济开放、对内搞活经济的政策，要实现国民生产总值到本世纪末翻两番的目标是不可能的。关于经济体制改革问题，邓小平同志早在1978年12月为三中全会作准备的中央工作会议上就提出来了。他尖锐地指出："如果现在再不实行改革，我们的现代化事业和社会主义事业就会被葬送。"[1]后来，他把经济体制改革的意义概括为"是发展生产力的必由之路"。当我国经济体制改革进行到一定程度的时候，邓小平同志又及时地提出改革政治体制的任务。他说：不搞政治体制改革，就不能保障经济体制改革的成果，不能使经济体制改革继续前进，不能充分发扬社会主义民主、调动基层组织和人民群众的积极性，就会阻碍生产力的发展，阻碍"四化"成功。而且，我们的改革是全面的改革，包括经济、政治、教育、科技等各行各业。他指出，我们进行改革的决心是坚定的，同时又要谨慎小心，步子要稳。通过改革，要取得长期、持续、稳定发展的条件。坚持改革、开放、搞活的方针，是三中全会路线的一个基本点，也就是有中国特色的社会主义的一个基本点。

---

[1]《邓小平文选》第2卷，人民出版社1994年版，第150页。

但是，改革、开放、搞活，不只有一个要不要实行的问题，更重要的是按什么方向实行的问题。毫无疑问，我们的改革、开放、搞活等政策必须在中国共产党领导下，在四项基本原则的基础上进行，只有这样才能保证这些政策的社会主义方向。对这个问题，邓小平同志作过反复说明。他在讲到中国共产党的政策的连续性的时候，曾经这样说过："究竟什么是我们党的政策的连续性呢？这里当然包括独立自主、民主法制、对外开放、对内搞活等内外政策，这些政策我们是不会改变的。而所有这些政策的基础，就是四项基本原则，对此我们更是不会改变，不会动摇的。"[1] 他特别强调：改革必须坚持两条原则，一是社会主义公有制经济占主体，一是共同富裕，不能导致贫富两极分化。有计划地利用外资，发展一部分个体经济，都是服从于发展社会主义经济这个总的要求的。鼓励一部分地区、一部分人先富裕起来，也正是为了带动越来越多的人富裕起来，达到共同富裕的目的。他指出：我们实行对外开放、对内搞活，都是在坚持社会主义原则下进行的。执行对外开放政策，学习外国的技术，利用外资，这只是社会主义建设的一个补充，而不能离开社会主义道路。在执行对外开放政策过程中，一旦发现偏离社会主义方向的情况，国家机器就会出面干预，纠正过来。从邓小平同志的这些论述中，可以清楚地

---

[1]《邓小平文选》第3卷，人民出版社1993年版，第146页。

看到，我们的改革、开放、搞活的方针，必须是在坚持四项基本原则的基础上，在有利于而不是不利于社会主义的前提下实行的。当然，邓小平同志关于坚持四项基本原则的思想，不只是作为实行改革、开放、搞活方针的前提和基础提出来的，更重要的是作为我国的立国、治国之本，作为团结全党和全国各族人民的政治基础，针对资产阶级自由化思潮提出来的，就是说，是在更宽广、更深远的意义上提出来的。坚持四项基本原则，是三中全会路线的又一个基本点，也就是有中国特色的社会主义的又一个基本点。

在坚持四项基本原则的基础上，实行改革、开放、搞活的方针，集中力量发展生产力，这是建设有中国特色的社会主义的基本内容。坚持四项基本原则和坚持改革、开放、搞活的方针，这两个方面是统一的，相辅相成的。把两者割裂开来、对立起来，以为坚持四项基本原则，就不能或不应实行改革、开放、搞活的方针；或者以为实行改革、开放、搞活的方针，就不能或不应坚持四项基本原则，都是不正确的。坚持四项基本原则是基础和前提，保证改革、开放、搞活，沿着社会主义方向健康地发展。改革、开放、搞活，作为必不可少的途径和方法，目的是促进社会生产力的发展，促进社会主义经济的发展和壮大。不坚持四项基本原则，就谈不上什么社会主义；不实行改革、开放、搞活，也就无所谓建设有中国特色的社会主义。

建设有中国特色的社会主义，是一项艰巨的事业。探索和实践这条道路不会是一帆风顺的,是在不断地纠正各种错误倾向、排除各种干扰的斗争中前进的。

首先是纠正"左"的错误,排除"左"的干扰。不但纠正"文化大革命"那种极左的错误,还进一步纠正从50年代末期开始在指导思想上形成的"左"的错误,把工作重点转到"四化"建设上来。实行这个转变,曾遇到这样那样的困难和阻力。有些人对三中全会以来的政策不理解,对改革、开放、搞活的政策不理解,有的人还误认为是搞资本主义。这些"左"的影响和干扰,过去有,现在有,将来也还会有。但是,实现这个转变,总的来说是比较顺利的。这是由于,人们对于"左"的错误,认识比较容易,察觉比较敏感,因为大家受过它的害,吃过它的苦头;更重要的是,三中全会以来的方针政策确实给我们国家带来生机和活力,绝大多数人得到了实际利益。但是,正如邓小平同志所指出的:"对'左'的错误思想不能忽略,它的根子很深。"[1]因此,在建设有中国特色的社会主义的过程中,在改革日益深化的进程中,还要继续提倡解放思想,丝毫不能放松排除"左"的干扰以及旧的习惯势力的影响。

干扰不仅来自"左"的方面,也来自右的方面。一个时期以来,更多的是右的干扰。邓小平同志在1987年1月说:"搞改革、搞四化可不简单。我们从来没有自我陶醉,没有认为会

---

[1]《邓小平文选》第2卷,人民出版社1994年版,第379页。

一帆风顺。一定会有来自多方面的干扰，有'左'的干扰，也有右的干扰。如果说我们过去对'左'的干扰注意得多，对右的干扰注意不够，那末这次学生闹事提醒了我们，要加强注意右的干扰。"[1]所谓右的干扰，主要是资产阶级自由化。邓小平同志在纠正"左"的错误的同时，从来没有放松对于右的，特别是资产阶级自由化思潮的警惕和批评。他明确指出，在我们国家，搞资产阶级自由化就是走资本主义道路，对我们来说，这是一个非常关键的问题。搞资产阶级自由化的人，不顾中国的国情，既不懂得中国的历史，也不懂得中国的现实。他们反对共产党的领导，反对社会主义制度，主张全盘西化，要把西方资本主义制度全盘搬到中国来。邓小平同志紧密结合中国的实际，说明为什么中国必须坚持四项基本原则，必须坚持社会主义道路，而不能走资本主义道路，不能搞资产阶级自由化，讲得非常鲜明、实际、透彻，令人信服。同时，他又客观地分析了在中国产生资产阶级自由化思潮的社会历史条件，指出反对资产阶级自由化的长期性。他说，反对资产阶级自由化的斗争将贯穿在实现四个现代化的整个过程中，在五十年到七十年内都存在反对资产阶级自由化的问题。

---

[1]《邓小平文选》第3卷，人民出版社1993年版，第199页。学生闹事，是指1986年12月中下旬，在资产阶级自由化思潮一度泛滥的背景下，合肥、北京等地一些高等院校的少数学生上街游行，极少数别有用心的人进行反对共产党领导、反对社会主义的煽动，有的地方出现了扰乱交通秩序和违犯社会治安规定的情况。

不论是反"左"还是反右，都必须站在正确的立场，站在四项基本原则的立场。站在右的立场反"左"，就会把正确的东西当成极左来反，把不带引号的左当成带引号的左来反，把纠"左"变成"纠正"社会主义和马列主义，而为资产阶级自由化和其他腐朽思想的泛滥开方便之门。站在"左"的立场反对资产阶级自由化，就会重犯过去反右扩大化的错误，把有些正确的意见和好的东西也当成资产阶级自由化来反，掩盖了工作中实际存在的缺点和错误，损害群众的正当利益和积极性。这两种情况，都不利于甚至严重损害建设有中国特色社会主义的事业。邓小平同志在指导我们建设有中国特色的社会主义的过程中，始终坚持从实际情况出发，正确地开展两条战线的斗争，有"左"反"左"，有右反右。他立足中国实际，不理会那些不负责的、妨碍建设有中国特色的社会主义的舆论，敢于顶住和排除来自各方面的干扰，指导中国人民坚定不移地走自己的道路。

建设有中国特色的社会主义，是前无古人的伟大事业，认识它需要一个长期的过程。在这里，重温一下毛泽东同志的有关论述，是很有意义的。二十五年以前，毛泽东同志在总结中国革命和建设的经验的时候说："人对客观世界的认识，由必然王国到自由王国的飞跃，要有一个过程。"[1]他在回顾了中

---

[1]《毛泽东文集》第8卷，人民出版社1999年版，第298页。

国共产党对民主革命规律的认识过程以后说:"我讲我们中国共产党人在民主革命时期艰难地但是成功地认识中国革命规律这一段历史情况的目的,是想引导同志们理解这样一件事:对于建设社会主义的规律的认识,必须有一个过程。必须从实践出发,从没有经验到有经验,从有较少的经验,到有较多的经验,从建设社会主义这个未被认识的必然王国,到逐步地克服盲目性、认识客观规律、从而获得自由,在认识上出现一个飞跃,到达自由王国。"[1]我们对于建设有中国特色的社会主义的规律的认识,同样也要经历一个过程,现在还不能说我们已经完成了或者接近完成这个过程,而是还需要做出很多的很艰苦的努力,在实践的基础上,继续进行探索和认识。但是,我们毕竟已经开始找到了一条建设有中国特色的社会主义的道路,这是一件非常了不起的事,是花了三十多年的时间才做到的。

邓小平同志说:"中国搞社会主义走了相当曲折的道路。二十年的历史教训告诉我们一条最重要的原则:搞社会主义一定要遵循马克思主义的辩证唯物主义和历史唯物主义,也就是毛泽东同志概括的实事求是,或者说一切从实际出发。"[2]从十一届三中全会以来,邓小平同志提出的任何一项重要决策,无一不是遵循了这条基本原则的。他的政治勇气、理论勇气、

---

[1]《毛泽东文集》第8卷,人民出版社1999年版,第300页。
[2]《邓小平文选》第3卷,人民出版社1993年版,第118页。

果断精神，和对于建设有中国特色的社会主义的坚定性和自信心，归根到底，都是来源于这一基本思想原则。总之，他是从中国自己的实际——历史和现状出发，不是从概念，从书本，或者从别国的什么模式出发，来提出问题和解决问题。学习《建设有中国特色的社会主义》增订本，同学习《邓小平文选（一九七五——一九八二年）》一样，人们会被邓小平同志的理论力量、逻辑力量、明快的思想和特有的语言风格所吸引，所打动，意气风发，受到鼓舞。如果把这两本书称为建设有中国特色的社会主义的指南，那是很恰当的。

最后，我们用邓小平同志在《旗帜鲜明地反对资产阶级自由化》一文中的一句话来结束这篇文章："走自己的路，建设有中国特色的社会主义，中国才有希望。"[1]

---

[1]《邓小平文选》第3卷，人民出版社1993年版，第197页。

光辉的十四年和建设有中国特色社会主义的理论[*]

江泽民同志在十四大的报告，科学总结了十一届三中全会以来十四年的实践经验，对建设有中国特色社会主义的理论作出新的概括并进行系统阐述，规划了我国 90 年代改革和现代化建设的主要任务，确定以建设有中国特色社会主义的理论武装全党。

十四大报告的内容非常丰富，这里着重谈谈学习十四大报告第一部分的一些体会，同时也涉及其他部分的有关内容。

一、关于十一届三中全会以来十四年伟大实践的总结

十一届三中全会以来的十四年是极不平凡的十四年。我们

---

* 这是作者 1992 年 11 月 3 日在一个学习班上所作发言的一部分，发表在《党的文献》1993 年第 1 期。收入本书时，作了一些补充和修改。

党取得了举世瞩目的成就，我们国家发生了历史性的变化。在世界风云变幻，许多社会主义国家一个接连一个地演变甚至解体的情况下，社会主义的中国却朝气蓬勃，欣欣向荣，屹立在世界的东方。这不论就中国本身的发展来说，还是就其世界意义来说，都是了不起的事情。十四大报告称这十四年"开始了一场新的革命"，并将之同以毛泽东同志为核心的第一代领导集体所领导的革命相并列。我认为这是一个深刻的概括和恰当的评价。

毛泽东同志领导的革命包括新民主主义革命和社会主义革命。这是两种不同性质的革命。由于这两种革命相隔的时间很短，而它们完成的历史任务，归结起来，就是把半殖民地半封建的旧中国变成独立的人民当家做主的社会主义新中国，从这个意义上说，可以统称为一次革命。从十一届三中全会开始的建设有中国特色的社会主义，其历史任务则是把中国由不发达的社会主义国家变成富强、民主、文明的现代化的社会主义国家，可以称为又一次革命或第二次革命。这个革命过程的内容是很广泛的，不仅包括经济体制、政治体制和其他体制的改革，而且包括生产力的发展、人民文化素质的提高等等。这场革命不是要改变社会主义制度，而是社会主义制度的自我完善和发展；不是要削弱社会主义，而是要使社会主义变得更有活力，更有吸引力，更加强大。

十四年的历程，大体上可以分为三段。

第一段，十一届三中全会至十二大。这是从思想上、政治上、组织上进行全面拨乱反正的阶段，是改革开放伟大事业开始起步并在农村取得巨大成功的阶段；反映在党的思想理论上，就是为建设有中国特色社会主义的理论奠定基础的阶段。这期间的重大决策有：冲破个人崇拜和"两个凡是"的束缚，重新确立解放思想、实事求是的思想路线；抛弃"以阶级斗争为纲"的"左"的错误方针，把党和国家的工作中心转移到经济建设上来；提出改革开放的新方针、新政策；在农村实行家庭联产承包责任制和发展乡镇企业；兴办深圳等四个经济特区；针对拨乱反正过程中出现的错误思潮，强调必须坚持四项基本原则；提出干部的"四化"方针，废除干部领导职务实际存在的终身制；清理重大历史是非，作出建国以来的历史决议，根本否定"文化大革命"和"无产阶级专政下继续革命"的理论，维护毛泽东同志的历史地位，肯定毛泽东思想的指导作用；提出建设有中国特色的社会主义的思想，确定分两步走在本世纪末达到国民生产总值翻两番的目标。

第二段，十二大之后至十三大之前。这是改革开放和现代化建设事业全面展开的阶段，也是建设有中国特色社会主义的理论展开的阶段。这期间作出的重大决策有：通过关于经济体制改革的决定，提出我国社会主义经济是公有制基础上的有计划的商品经济；开放沿海十几个城市；开辟长江三角洲等几个经济开放区；批准海南建省并将海南岛划为经济特区；提出"两手抓"的方针，作出建设社会主义精神文明的决定；强调在社会主义现代化建设过程中都要反对资产阶级自由化。

第三段，十三大以来的五年。这五年，在国际国内复杂困难的情况下，党领导全国人民，克服重重困难，实现了社会稳定、政治稳定和经济发展。这期间，党的十三大系统论述了社会主义初级阶段理论，明确概括"一个中心，两个基本点"的党的基本路线；由于经济的加速发展，整个国民经济提高到一个新的水平，同时也出现物价波动、重复建设等缺点，党作出治理整顿的决定；在1989年发生的政治风波中，党作出制止动乱和平息在北京发生的反革命暴乱的决定，同时宣布党的基本路线和十三大的决策是正确的，不因发生政治风波而动摇。十三届四中全会产生新的中央领导集体，继续抓住经济建设这个中心，纠正"一手比较硬，一手比较软"的现象，并相继作出关于进一步治理整顿、深化改革的决定，关于加强同人民群众联系的决定，关于搞好国营大中型企业的决定，关于进一步加强农业和农村工作的决定等。今年初邓小平同志巡视南方发表的重要谈话，对整个社会主义现代化建设事业具有重大而深远的意义，以南方谈话和三月中央政治局会议为标志，我国改革开放和现代化建设事业进入了一个新的阶段。

纵观三中全会以来的十四年，这是我们党真正集中精力进行社会主义现代化建设的十四年，是人民生活水平提高最快的十四年。有这么长的时间集中力量搞建设，这在建国以来的历史上是没有过的。这十四年,最鲜明、最突出的特点是改革开放。没有改革开放,要取得这么大的成就是不可想象的。

一般说来,党的全国代表大会报告是总结上一次代表大会到这一次代表大会期间的工作。那么,十四大报告为什么要总结十四年的经验,并对一系列重大决策作出郑重结论重新加以肯定呢?这里有两重意义,一方面,通过对十四年的总结,写出建设有中国特色社会主义理论提出和形成的过程,为这一理论作出新概括提供事实依据。另一方面,更重要的方面,是为了进一步统一全党的思想,使全党对三中全会以来的一系列重大决策有一致的认识,为坚持党的基本路线不动摇奠定坚实的思想基础。

三中全会以来十四年间,党作出每一项重大决策,并不都是一帆风顺的,有时是很不容易的。人们对待新事物、新政策,开始往往有不同的意见。我们党按照邓小平同志不搞强迫,不搞争论,允许看,由群众的实践来检验的方针,最后全党终于取得一致或者基本一致的认识。这是解决党内意见分歧,统一全党思想的新方法、新经验,既有利于党内团结,又能争取时间,不致贻误四化大业。

二、关于建设有中国特色社会主义的理论问题

十四大报告最重要、最核心的内容是关于建设有中国特色

社会主义的理论。这个理论随着实践经验的积累，在党的重要文献里相继作出过多次表述，每一次表述都有新的内容，新的角度。十四大报告要求在更高层次上作出新的概括。征求意见稿写了十四条，经过广泛征求党内意见，归纳为现在的九条。这九条，从理论高度和理论层次上说，是迄今为止达到的最高水平，反映了我们党在创立建设有中国特色社会主义理论上取得的新成果，标志着建设有中国特色社会主义理论已经形成。

对于九条内容，十四大报告不是要对每一个问题进行全面的阐述，面面俱到，也不是像写教科书那样，对每一个问题下一个完备的定义，而是紧密地结合我国的实践经验，抓住最本质的问题，加以阐述。下面对九条分别谈谈自己的理解。

第一条，关于社会主义的发展道路问题。这里不是要说明具体的道路是什么，像说明新民主主义革命是走农村包围城市的道路那样，而是讲思想路线，即把马克思主义的基本原理同中国的建设实践相结合，走自己的路，既不照搬书本教条，也不照抄别国模式。这个思想路线是毛泽东思想的基石和精髓，也是建设有中国特色社会主义理论的基石和精髓。所以把它列为第一条。正如邓小平同志指出的："中国革命的成功，是毛泽东同志把马克思列宁主义同中国的实际相结合，走自己的路。现在中国搞建设，也要把马克思列宁主义同中国的实际相结合，走自己的路。"[1]

第二条，关于社会主义的发展阶段问题。确定了思想路线，紧接着就要说明中国的实际是什么。这一条就是回答这个问题，指出：我国还处在社会主义初级阶段，这个阶段是一个很长的历史阶段，至少要上百年。这就是中国的实际，中国最基本的国情，我们党制定发展战略和各项方针政策都不能脱离这个实际，不能超越这个历史阶段。从50年代后期起，我们党所犯"左"的错误，特别是在经济政策方面，从根本上来说，就是由于超越了这个历史阶段。对社会主义的发展阶段的认识，我们党有一个探索的过程，逐步深化的过程。早在1959年冬至1960年春，毛泽东同志在读苏联《政治经济学（教科书）》时，就提出社会主义发展两阶段的思想。他说，第一个阶段是不发达的社会主义，第二阶段是比较发达的社会主义，而后一阶段比前一阶段需要更长的时间。这是一个很有价值的思想，大概描绘出经济文化比较落后的社会主义国家的历史发展过程。但是这个思想没有展开，当时对实践没有产生什么影响。1981年《关于建国以来党的若干历史问题的决议》提出社会主义初级阶段的概念，从此我们党不断地探讨和研究这个问题，到十三大从理论上系统地阐明了社会主义初级阶段理论，从而把建设有中国特色社会主义的理论向前推进了一步。

---

[1]《邓小平文选》第3卷，人民出版社1993年版，第95页。

第三条，关于社会主义的根本任务问题。思想路线确定了，中国的实际弄清了，首要的问题就是要明确根本任务是什么。早在1984年邓小平同志就指出："马克思主义最注重发展生产力。……社会主义阶段的最根本任务就是发展生产力，社会主义的优越性归根到底要体现在它的生产力比资本主义发展得更快一些、更高一些。"[1] 如果说，第一、第二两条属于思想路线的范畴，那么第三条就是政治路线问题，即把发展生产力摆在首要地位，以经济建设为全党的工作中心。报告引用了邓小平同志对社会主义的本质的界定："社会主义的本质，是解放生产力，发展生产力，消灭剥削，消除两极分化，最终达到共同富裕。"[2] 我认为，这是从中国这样的经济文化比较落后的国家的实际情况出发，对社会主义本质所作的比较完备的说明，发展了马克思、恩格斯以及列宁和毛泽东对社会主义本质所作的说明，具有深刻的理论含义和巨大的实践意义。邓小平同志强调指出，"马克思主义最注重发展生产力"，这就触及到唯物史观最深层次的问题。邓小平同志提出社会主义的根本任务是发展生产力，确定以经济建设为中心，以"三个有利于"作为判断各方面工作是非得失的最根本的标准，既有唯物史观的坚实的理论依据，又是基于对我国现阶段主要矛盾的正确

---

[1]《邓小平文选》第3卷，人民出版社1993年版，第63页。
[2] 同上书，第373页。

判断。

第四条，关于社会主义的发展动力问题。这一条主要是讲改革。任务提出了，就要解决实现任务的方法和途径问题。发展生产力，可以有各种不同的方法。"大跃进"是一种方法，"抓革命，促生产"即以搞阶级斗争推动生产力的发展也是一种方法，实践已证明这些方法都不行。通过改革发展生产力，是十一届三中全会以后邓小平同志提出的新思路，而十四大报告根据他的思想把改革提到社会主义的发展动力这样的高度，更是一个新的提法，有着重要的理论意义。

什么是社会主义发展的动力？过去曾有几种说法。例如30年代以后，流行于苏联的一种说法，认为"各民族政治上、道义上的一致"是社会主义发展的动力。50年代末期以后，在中国则把阶级斗争当作社会主义发展的动力。上述说法，已被历史证明是不正确的，在理论上站不住，在实践上带来严重的后果。为什么说改革是社会主义的发展动力？按照邓小平同志的说法，就是因为改革也是一场革命，也是解放生产力，是中国实现现代化的必由之路。社会主义的改革，就其本质来说，就是解决生产关系和生产力之间的矛盾、上层建筑和经济基础之间的矛盾，把人们的积极性从旧的体制和过时的传统观念的束缚中解放出来，调动起来，形成巨大的生产力，使社会主义变得更有活力。

第五条，关于社会主义建设的外部条件问题。这一条是讲对外开放，同第四条合在一起，便是党的基本路线中的一个基本点。这一条内容，包含两层意思：一是说明实行对外开放政策的国际环境和客观依据，这就是报告中指出的，和平与发展是当代世界的两大主题，我们必须实行独立自主的和平外交政策。如果今天所处的时代是无产阶级革命的时代，实行另外相反的一种对外政策，那么，就谈不上把对外开放作为一项重大政策提出来。另一层意思，是说明我们建设社会主义应当吸收和利用世界各国包括资本主义发达国家的一切文明成果。这里，涉及如何对待社会主义同资本主义的关系问题。应当全面地用历史唯物主义的观点看问题。按照马克思、恩格斯关于人类社会发展一般规律的理论，社会主义应是建立在发达的资本主义国家创造的物质基础上。但是由于特殊的历史条件，社会主义取得胜利的国家都是经济文化比较落后的国家，在资本主义条件下创造的文明成果，在这些国家里没有得到发展。社会主义国家要发展自己，就必须既要看到社会主义同资本主义之间对立斗争的一面，不看到这一面是不行的，甚至是危险的；又要看到继承和吸收的一面，不看到这一面也是不行的，甚至是有害的。社会主义国家必须重视继承和吸收在资本主义条件下创造的一切好的、科学的文明成果，同时利用资本主义国家的资金、技术和科学管理经验等。社会主义就其本质来说是开放的而不是封闭的，是发展的充满活力的而不是僵化的。吸收全人类包括资本主义条件下积累的一切文明成果，是社会主题中应有之义。社会主义国家利用和吸收资本主义国家的资金、技术和科学管理等等，不是要资本主义吃掉社会主义，而是作为社会主义建设的不可缺少的补充，归根到底是有利于社会主义的。

第六条，关于社会主义建设的政治保证问题。这就是坚持四项基本原则——党的基本路线中的又一个基本点。报告重申四项基本原则是我们的立国之本，是改革开放和现代化建设健康发展的保证。这一点非常重要，它保证我国改革开放和现代化建设事业的社会主义方向。邓小平同志一贯地并再三再四地讲，我们搞四个现代化，是社会主义的四个现代化，不是别的现代化。我们采取的所有改革、开放、搞活等方面的政策，目的都是为了发展社会主义经济。同时，报告又指出，四项基本原则也要从改革开放和现代化建设中获得新的时代内容，这一点也是很重要的，四项基本原则也要随着实践的发展而发展。

第七条，关于社会主义建设的发展战略步骤问题。中国实现现代化分三步走的战略步骤，为实现中华民族的雄心壮志，提出一个宏伟的蓝图。党所制定的一切路线、方针、政策、措施，排除右的特别是"左"的干扰，都是为了实现这个目标。这是邓小平同志考虑一切问题的根本出发点。正如他所指出的：我们实现了第三步战略目标，即实现了现代化，"这不但是给占世界总人口四分之三的第三世界走出了一条路，更重要的是向人类表明,社会主义是必由之路,社会主义优于资本主义"[1]。报告还引用了邓小平同志在南方谈话中提出的关于社会主义经济发展每隔几年上一个台阶的思想,把它作为实现发展战略步骤的一个指导思想肯定下来;还提到允许和鼓励一部分地区和一部分人先富起来,最后达到共同富裕。这些,都反映了社会主义在其发展中的不平衡性规律。

第八条,关于社会主义的领导力量和依靠力量问题。社会主义的领导力量,无疑是作为工人阶级先锋队的共产党。这是不可移易的。报告强调,党必须适应改革开放和现代化建设的需要,不断改善和加强领导,不断改善和加强自身建设。这是非常重要的。不然,共产党的领导地位就会受到影响和损害。加强党的领导同改善党的领导、实现党的领导同党的自身建设是密不可分的,是一个问题的两个方面。报告对于依靠力量有新的提法,分为三个层次:工人、农民、知识分子,这是一个层次;各族人民的团结,又是一个层次;最广泛的统一战线,又是一个层次。这些都归入依靠力量的范畴,也就是说,全体人民都是依靠力量,这同革命时期的依靠力量或依靠对象的提法有所不同。报告对军队的性质和作用作出明确的表述:"党领导的人民军队是社会主义祖国的保卫者和建设社会主义的重要力量。"这有利于澄清在这个问题上不准确的提法。

---

[1]《邓小平文选》第3卷,人民出版社1993年版,第225页。

第九条,关于祖国统一问题。主要讲"一国两制"。这是邓小平同志提出的一个创造性的构想。毛泽东同志等老一代革命家,在50年代就提出过这样的设想。但是把这一设想明确地概括为"一个国家,两种制度",并加以具体化,付诸实践,则是邓小平同志的贡献。实现"一国两制",必须有两个前提,一个是坚持一个中国,一个是中国的主体必须坚持社会主义。失掉这两个前提,就谈不上什么"一国两制"。邓小平同志说:"主体是很大的主体,社会主义是在十亿人口地区的社会主义,这是个前提,没有这个前提不行。在这个前提下,可以容许在自己身边,在小地区和小范围内实行资本主义。我们相信,在小范围内容许资本主义存在,更有利于发展社会主义。"[1]"一国两制"的构想,首先是根据中国的实际情况提出来的,同时也同当前的时代特点和我国对外政策的总方针——维护世界和平分不开。"一国两制"的构想,不仅是解决中国和平统一的最实际、最可行的途径和办法,而且具有重要的理论意义。

从以上对九条内容的简要介绍可以看出,中国特色社会主义的理论构成了一个比较完整的、逻辑严密的体系。十四大报告指出,从《共产党宣言》问世以来的一百几十年间,这个理论第一次比较系统地初步地回答了中国这样的经济文化比较落后的国家如何建设社会主义,如何巩固和发展社会主义的一系

---

[1]《邓小平文选》第3卷,人民出版社1993年版,第103页。

列基本问题。既然是"第一次",它就带有里程碑的意义。因此,我们说,建设有中国特色社会主义的理论,在马克思主义发展史上占有重要的地位,对国际共产主义运动将产生深远的影响。

建设有中国特色社会主义的理论,既具有中国的特色,又具有一定的普遍意义。它既是与中国当代实际相结合的产物,又具有鲜明的时代特征。它不仅是中国革命和建设正反两方面经验的总结,同时也借鉴了国际共产主义运动兴衰成败的经验和教训。它既是集体智慧的结晶,又是邓小平同志的杰出贡献。建设有中国特色社会主义的理论,是当代的马克思主义,是毛泽东思想的继承和发展,它把毛泽东思想推进到一个新的阶段。

马克思主义理论是随着实践的发展而发展,随着时代的推移而不断增添新的内容。建设有中国特色社会主义的理论同样如此,它要在研究新情况、解决新问题的过程中,在实践检验中继续丰富和发展。

三、关于社会主义市场经济

社会主义市场经济问题是建设有中国特色社会主义理论的重要组成部分。这是一个很大的经济理论问题和实践问题。

提出我国经济体制改革的目标是建立社会主义的市场经济

体制，是十四大报告中最新、最引人瞩目的一个问题，也是这次代表大会反响最强烈、讨论最热烈的一个问题。这是我们党十四年来实行改革开放政策的最新成果，也是解放思想、实事求是思想路线的一个胜利。对这个问题，我们党有一个实践和认识的过程。十四大提出这个问题，不论是从经验的积累、实践的检验、经济发展的需要，还是从人们的思想准备，可以说时机已经成熟，顺理成章、水到渠成，基本上已成为全党的共识。

提出社会主义市场经济，首先要破除计划经济是社会主义制度的本质特征之一、市场经济是资本主义制度所特有的这一传统观念。市场经济同计划经济一样，它们本身并没有社会制度的属性，都是配置经济资源（包括人力、物力、财力和土地等）的一种方式。不过方式不同，发挥的作用不同。一般说来，市场经济的驱动力量是个人的、局部的、目前的利益，最能激发人们的积极性和创造性，对市场的需求反映最为灵敏。计划经济则是从国家的、长远的目标出发，能够解决市场经济难以解决的问题，可以集中较多的人力和物力举办关系国计民生的大事。

改革开放十四年来，市场的范围逐步扩大，市场对经济活动的调节作用不断加强。实践证明，哪个地方市场作用发挥得比较充分，哪个地方的经济活力就比较强，经济就比较繁荣，发展就比较快，人民生活水平的提高也比较明显。从世界范围看，自60年代以来，实行市场经济的国家，一般说来比实行计划经济的国家，经济发展速度更快，效益更好。随着实践经验的积累和认识的逐步深化，把社会主义市场经济作为我国经济改革的目标，已经成为刻不容缓的任务。如果对改革开放的十四年作一回顾，可以看出，我们进行的经济改革的核心，就是由集中的计划经济体制，逐步向社会主义市场经济体制转化，这一总趋势是明显的。

搞市场经济，不是不要计划。社会主义市场经济是在国家宏观调控和政策指导下运行的。资本主义国家也有计划，但是比起我们国家的计划要弱得多，它们实行的国家干预也不如我们得力。只要正确发挥国家宏观调控作用和健全的法制力量，可以把市场经济不足的地方弥补起来，把它的消极作用减少到最低限度。与此同时，我们的计划工作也要不断改革，更新计划观念，改进计划方法。

提社会主义市场经济，即在市场经济之前冠以"社会主义"，是不是说市场经济有姓"资"姓"社"的问题呢？不是的。社会主义市场经济的意思是指在社会主义条件下的市场经济，或者说，是同社会主义基本制度相联系的市场经济，是建立在以公有制为主体的经济基础之上的市场经济。在这样的条件下，市场经济不会导致资本主义，而是为更好更快地发展社会主义经济所不可缺少的。

实行社会主义市场经济，必然引起从经济基础到上层建筑包括人们的思想观念重大的变革，对此要有充分的思想准备。要研究如何适应社会主义市场经济，进一步加强社会主义精神文明建设。搞社会主义市场经济，是社会主义发展史上的一个创举，是中国共产党人对马克思主义政治经济学的重大突破。

应当强调指出，从高度集中统一的计划经济体制转到社会主义市场经济体制，形成全国统一的，又与国际市场相联系的市场经济，是一个长期的艰难的过程，要有一系列与之相配套的政策和措施，还要有人们思想观念上的转变。不能认为，任务提出了，目标明确了，代表大会通过了，社会主义的统一市场就能计日程功。十四大报告指出，到建党一百周年的时候，我们将在各方面形成一整套更加成熟更加定型的制度。大概到那个时候，我国经济改革的目标——建立社会主义市场经济体制可以实现。

四、坚持党的基本路线不动摇

这是邓小平同志南方谈话中的重要思想，也是十四大报告突出强调的一个内容。不论对十四年的总结，还是对建设有中国特色社会主义理论的阐述，最后都要落到这个问题上来。

坚持基本路线不动摇，关键是坚持以经济建设为中心不动摇。前面提到，确定以经济建设为中心，是根据对我国现阶段社会主要矛盾的正确判断而来的。在社会主义制度建立之后，我国社会的主要矛盾是什么？对这个问题，在我们党的历史上有过两种截然不同的回答：一种认为，主要矛盾是阶级矛盾；一种认为，主要矛盾是人民日益增长的物质文化需要同落后的社会生产力之间的矛盾。根据前一种判断，我们党曾经走上"以阶级斗争为纲"的错误道路；根据后一种判断，我们党确定了以经济建设为中心的政治路线。关于我国现阶段社会的主要矛盾的论述，从十一届六中全会到十四大，精神是一贯的。十四大报告对此作了更为完备和明确的表述："由于国内因素和国际影响，阶级斗争还将在一定范围内长期存在，在某种条件下还有可能激化，我们必须清醒地认识和正确处理这方面的问题。但是，我国社会的主要矛盾已经不是阶级斗争，经济建设已经成为我们的中心任务。"[1]这一段精辟的论述，是对我国社会主义改造完成以来三十多年间所走过的曲折道路的科学总结和概括。邓小平同志多次讲过，我们要死扭住经济建设这个中心不放，除非发生大规模外敌入侵，不论在什么条件下都不能动摇这个中心。以经济建设为中心，是党的基本路线的核心。这个中心一旦被冲击，以至被转移，党的基本路线就被动摇甚至被否定。在这个问题上，我们党是有过历史教训的。1956年党的八大，最早对我国现阶段社会的主要矛盾以

---

[1]《十四大以来重要文献选编》（上），人民出版社1996年版，第14页。

及党的主要任务作出正确的判断和规定。后来由于不能正确对待国内国际发生的一些事件，包括国内极少数右派分子对中国共产党和新生社会主义制度的攻击和反对，国际上出现的反苏反共逆流和波匈事件等，从而对八大的正确政治路线加以否定，转到"以阶级斗争为纲"，使中国的社会主义事业走了很大的弯路。而在十一届三中全会以来的十四年间，尽管国际国内发生了这样那样的重大事件，像1989年春夏之交国内发生的政治风波，国际上发生的东欧各社会主义国家演变，第一个社会主义大国苏联解体，我们党都没有动摇经济建设这个中心。1989年的政治风波刚一平息，邓小平同志在"六·九"讲话中就斩钉截铁地说：我们确定的发展战略目标是正确的。"我们原来制定的基本路线、方针、政策，照样干下去，坚定不移地干下去。"[1]在对外政策方面，党中央遵照邓小平同志的意见，采取"冷静观察，沉着应付"的方针。这样，我们党在国际国内形势纷纭复杂和十分困难的情况下，坚持了党的基本路线，坚持了以经济建设为中心，继续保持并进一步发展了好的形势。这个历史经验，应当牢牢记住。

要坚持基本路线不动摇，必须正确处理一个中心、两个基本点三者之间的关系，特别是两个基本点之间的关系。十四大报告说，中国特色社会主义所以有蓬勃的生命力，就在于它是

---

[1]《邓小平文选》第3卷，人民出版社1993年版，第307页。

改革开放的社会主义。我们的改革开放所以能够健康地发展，就在于它是有利于巩固和发展社会主义的改革开放。坚持四项基本原则，坚持改革开放，这两个基本点是互为条件、互相依存、互相渗透、融为一体的；把它们对立起来，割裂开来，或者重视一个，忽视另一个，都是不对的。根据形势发展的需要，在某一时期，某种情况下，可以而且应当强调某一个方面，但即使在这种时候，也不应当忘记另一个方面。应当注意防止一个倾向掩盖另一个倾向，注意防止片面性。还是邓小平同志的战略方针，两手都要硬。这两个基本点都是为了解放和发展生产力，服务于经济建设这个中心。我们党在民主革命时期有三大法宝。我们不妨把以经济建设为中心、坚持四项基本原则、坚持改革开放，称作建设有中国特色社会主义的三大法宝。毛泽东同志在阐述民主革命时期的三大法宝时说过："正确地理解了这三个问题及其相互关系，就等于正确地领导了全部中国革命。"[1]我们是不是也可以说，正确地理解并处理好一个中心、两个基本点这三者之间的关系，就能够正确地领导建设有中国特色社会主义的伟大事业。我们说，要警惕右，但主要是防止"左"，主要就是反映在对待和处理这三者关系上出现的偏差。

坚持党的基本路线不动摇，必须巩固和发展团结稳定的政

---

[1]《毛泽东选集》第2卷，人民出版社1991年第2版，第605、606页。

治局面。没有这一条,什么经济建设,什么改革开放都搞不成。在任何时候都要坚持四项基本原则,排除一切导致混乱甚至动乱的因素。在动乱刚刚冒头的时候就应当立即把它排除掉。我们受动乱之苦够大了。"文化大革命"是一场大动乱,那是"左";1989年的政治风波又是一场动乱,那是右。这两种动乱破坏甚大,不及时结束和制止,最后都要葬送社会主义。同时,如果不坚持以经济建设为中心,不实行改革开放,没有经济的发展,也不可能有团结稳定的政治局面,即使可以保持一时的或者表面的稳定,但终究是不能持久的。持久的可靠的稳定政治局面,是以经济发展为物质基础的。因此,能否正确处理稳定和发展的关系,成为能否坚持党的基本路线不动摇的一个重大问题。

十四大报告是中国当代马克思主义的重要文献,具有长远的指导意义。它是我们全党团结奋斗的思想政治基础,又是我们党领导中国人民夺取建设有中国特色社会主义新胜利的行动纲领。十四大确定以邓小平同志建设有中国特色社会主义的理论武装全党,这同七大把毛泽东思想作为全党的指导思想,同样具有划时代的意义。

用建设有中国特色社会主义的
理论统一全党思想*

1983年以来，《邓小平文选（一九七五——一九八二年）》、邓小平《建设有中国特色的社会主义》增订本、《邓小平同志重要谈话（一九八七年二月——七月）》、《邓小平文选（一九三八——一九六五年）》先后出版。邓小平同志的这些著作，对于统一全党思想，推动我国改革开放和现代化建设事业，起了极大的作用。在全党上下学习江泽民同志在十四大的报告，深入领会建设有中国特色社会主义的理论的形势下，中央文献研究室又编辑出版了《邓小平关于建设有中国特色社会主义的论述专题摘编》，为广大干部和群众的学习提供了一个重要读本。

江泽民同志在十四大的报告，对建设有中国特色社会主义的理论作了新的概括，进行了系统的阐述，反映出我们党在创立建设有中国特色社会主义理论上取得新的成果，标志着建设

---

* 这篇文章发表在1993年1月20日《人民日报》。

有中国特色的社会主义作为一个理论体系的形成。

从世界上第一个社会主义国家诞生以来的七十余年间，如何建设社会主义，如何巩固和发展社会主义，始终是摆在取得政权之后的共产党人面前的头等重要问题，但又是一个没有得到很好解决的问题。80年代末期，一批社会主义国家发生剧变，这个问题就显得更加尖锐和紧迫。在国际风云变幻，世界社会主义处于十分困难的时候，一个新的理论——建设有中国特色社会主义的理论，在中华大地上诞生了。这个理论从70年代末中共十一届三中全会提出，经过中共十二大、十三大到十四大，逐步形成。它第一次比较系统地初步回答了在中国这样的经济文化比较落后的国家如何建设、巩固和发展社会主义的一系列基本问题，是对科学社会主义理论具有划时代意义的重大贡献。它是当代中国的马克思主义，是毛泽东思想的继承和发展，它把毛泽东思想推进到一个新的阶段。

毛泽东同志曾经说过："任何国家的共产党，任何国家的思想界，都要创造新的理论，写出新的著作，产生自己的理论家，来为当前的政治服务，单靠老祖宗是不行的。"又说："现在，我们已经进入社会主义时代，出现了一系列的新问题，如果单有《实践论》、《矛盾论》，不适应新的需要，写出新的著作，形成新的理论，也是不行的。"[1]毛泽东同志深深地意识

---

[1]《毛泽东文集》第8卷，人民出版社1999年版，第109页。

到随着时代的变化需要创造新理论的重要性。他作为我党第一代领导集体的核心，为建设、巩固和发展社会主义进行了艰苦的探索，付出巨大心血，提出许多有价值的思想，在曲折的历程中，也出现一些错误。由于主客观条件的限制，他最终未能找到一条真正能巩固和发展社会主义的道路，创造出适合新时代客观要求的新理论。这对毛泽东来说，恐怕是他抱恨终天的一大憾事。创造新理论的任务，历史地落到第二代领导集体的核心邓小平同志的肩上。这个新理论就是建设有中国特色社会主义的理论。历史证明，对于中国共产党人来说，没有马克思主义在中国的运用和发展——毛泽东思想，要把中国革命引向胜利，是不可能的。同样地，没有毛泽东思想在新时期的新发展——邓小平建设有中国特色社会主义的理论，要把中国建设成为富强、民主、文明的社会主义现代化国家，也是不可能的。

邓小平同志建设有中国特色社会主义的理论，有许多鲜明的特点，依我个人的理解，最重要、最突出的有以下几点。

第一，以实事求是为思想基础。

马克思主义自传入中国，已历经七十余年而一直保持着强大的生命力，其所以如此，就在于中国共产党人从革命年代到建设年代，始终遵循把马克思主义基本原理同中国的具体实践相结合的原则，即实事求是的唯物主义思想路线。而在一段时间内，革命和建设事业遭受挫折的时候，那一定是党的领导背离了实事求是的思想路线。或者表现为教条主义，或者表现为经验主义，而主要是教条主义；或者表现为"左"的，或者表现为右的，而主要是"左"的。这已经为中国共产党七十多年的历史和中华人民共和国四十多年的历史所证明了。邓小平同志从十一届三中全会以来，冲破各种阻力，恢复并坚持和发展了毛泽东思想最根本的东西，就是实事求是。事情很明显，只有解决思想路线问题，即恢复实事求是，一切从实际出发的思想原则，才可能提出一系列新的正确政策，否则是不可能的；或者即使推出新的正确政策，也是贯彻不下去的。正确的思想路线，是制定正确的政治路线和一切方针政策的基础。

邓小平同志对形势的估量和判断，在关键时刻作出的重大决策，以及他所提出的一系列方针政策之所以是正确的，他的革命胆略、政治上理论上的勇气和果断精神之所以是过人的，固然同他的智慧、丰富的经验以及在长期的艰苦斗争环境中培养出来的性格分不开，但是归根到底是在于坚持了实事求是，一切从实际出发这一条。他提出的理论、路线、方针、政策，既不是凭主观臆想出来的，也不是从书本上抄来的，更不是从外国搬来的，而是在研究新情况、解决新问题的实践过程中，在概括和提炼群众的实践和历史创造活动中产生的。一句话，不是从抽象的定义和原则出发，而是从实际出发。

客观世界是不断发展变化的，人们的头脑往往容易被习惯势力、陈旧观念以及本本上的东西束缚得紧紧的。人们的观念往往有一定的习惯性、惰性，或者说滞后性。历史的车轮已经前进了，而人们的思想观念却时常停留在旧的阶段，不能随着已经变化了的客观实际而变化，从而导致主观认识与客观实际相脱离。这就是思想保守、思想僵化的认识论的根源。所谓解放思想，就是要在马克思主义基本原理（不是个别词句）的指导下，打破习惯势力，破除陈旧观念和摆脱其他主观偏见的束缚，使主观认识与客观实际相符合。事物总是处在不断变动之中，在革命时期或改革时期，这种变动往往是非常之快的。主观和客观在一定阶段上一致了，进入另一阶段又会不一致。这就得不断地调整主客观的关系，追踪生活实践的足迹，研究新情况，解决新问题。只有这样，才能保持思想理论的生机与活力，发挥其推动历史前进的能动作用。

我们党在40年代进行的整风运动，70年代末关于真理标准问题的讨论，90年代初对邓小平同志南方谈话的学习，都是在坚持实事求是的思想原则下进行的思想解放运动，它们对于纠正和克服错误思想和陈旧观念，提高全党的辩证唯物主义的思想水平，达到全党思想上和政治上的一致，对于推动中国革命和建设事业的发展，不断开创新局面和取得新胜利，都起了关键性的作用。

党的十四大报告指出，解放思想、实事求是是建设有中国特色社会主义理论的精髓。我认为，只有真正懂得实事求是的马克思主义思想路线，才有可能深刻理解和融会贯通邓小平同志的全部思想理论的真谛。

第二，把发展生产力放在第一位。

这是邓小平同志从理论上和实践上总结建国以来特别是"文化大革命"的经验教训中得出的最主要的结论。他说："1978年我们党的十一届三中全会确定了现行的方针政策，就是对'文化大革命'进行总结的结果。最根本的一条经验，就是要弄清什么叫社会主义和共产主义，怎么样搞社会主义。"[1]他又说："什么叫社会主义？什么叫马克思主义？我们过去对这个问题的认识不是完全清醒的。马克思主义最注重发展生产力。""社会主义阶段最根本的任务就是发展生产力。"[2]在这里，邓小平同志明确回答了关于社会主义的根本任务这一重大问题，抓住了历史唯物主义最根本、最核心的问题。

按照历史唯物主义的观点，人类社会历史的发展，新旧社会的交替，最终决定于社会生产力的发展。社会主义制度优越性的发挥，社会主义制度能够代替资本主义制度，最终也决定于这一点。当然，社会主义制度的优越性还表现在其他许多方面，如消灭剥削，防止两极分化，实现人民共同富裕，保障社会公正，具有高度的精神文明，等等，这些长期以来一直为人类所追求的理想，曾经是而且今后仍将是亿万劳动者和一切正直的人们为之奋斗的目标。

---

[1]《十二大以来重要文献选编》(下)，人民出版社1988年版，第1388页。
[2]《邓小平文选》第3卷，人民出版社1993年版，第63页。

在中共十一届三中全会召开前夕，邓小平同志着力从思想路线上进行拨乱反正不久，紧接着就开始了政治路线的拨乱反正，即从"以阶级斗争为纲"转到以经济建设为中心。这个伟大转折的实现，就是在十一届三中全会。从此以后，邓小平同志就十分专注地思考、研究、规划怎样尽快地把我国国民经济搞上去，增强我国的综合国力，在经济上赶上世界中等发达国家或者发达国家，并努力提高人民的生活水平，使中国变成一个高度文明、高度民主的社会主义的现代化强国。他反复强调：对于社会主义现代化建设一定要坚定不移、一心一意地干下去，要横下一条心，要死扭住不放，要"顽固"一点，要毫不动摇。各级领导干部，在处理各种繁忙的事务时，务必一天也不要放松经济工作。其他任务都要服从经济建设这个中心，决不能干扰它，冲击它。邓小平同志的这些话，分量多重啊！充分表达了他坚持把发展生产力放在首位，以经济建设为中心，不断提高人民生活水平的执着而坚定的立场。今天重新学习这些论述，是非常必需的，这个问题太重要了。

在当今这个世界，以经济实力和科技水平为基础的综合国力的较量已经成为国际竞争最实质的问题。对于社会主义中国来说，能否迅速地发展生产力，把国民经济搞上去，并在这个基础上大大提高人民的物质文化生活水平，已经不单是一个经济问题，而且是一个极具尖锐性的政治问题，是关系社会主义能不能巩固和发展的问题，从根本上来说，是关系社会主义生死存亡的问题。

在对待经济建设这个问题上，我们党有过正反两方面的经验和教训。在50年代后期，由于不能正确对待国际国内发生的某些事件，党改变了八大关于以发展生产力为主要任务的政治路线，走上"以阶级斗争为纲"的错误道路，使党和人民吃了亏，使整个国家吃了亏。这反映了我们党对于社会主义建设问题，在思想上、理论上准备不足。而在80年代末90年代初，国际国内尽管出现了比50年代更为严重的事件，我们党在邓小平同志的指导下，却能够正确地对待和处理，始终没有动摇把握住经济建设这个中心。我们这个社会主义国家，蓬勃发展，欣欣向荣，在复杂动荡的国际环境中，稳稳地屹立在世界的东方，岿然不动。这说明，我们党在社会主义建设问题上，从思想上、理论上比过去成熟了。

邓小平同志从提出社会主义的任务是发展生产力，到以"三个有利于"作为衡量一切工作的最根本的是非标准，再到对社会主义的本质作出科学界定，始终贯穿着他所说的"马克思主义最注重发展生产力"这个唯物史观的基本原理，并且又进一步发展和丰富了这个原理。把发展生产力放在第一位，这是建设有中国特色社会主义理论的核心。

第三，采取改革开放的新方针。

邓小平同志关于改革开放问题，有一整套的理论、方针、步骤和措施，这对于马克思列宁主义、毛泽东思想来说，提供了许多新的东西。所谓有中国特色的社会主义，最大的特色就是改革和开放。这是邓小平同志在确定以经济建设为中心、集中全力发展生产力的目标之后，紧接着同时提出来的两大战略决策。

改革开放总方针的提出，有着深刻的历史原因、鲜明的时代特征和坚实的理论基础。

到70年代末中共召开十一届三中全会的时候，世界上第一个社会主义国家六十多年的历史，社会主义的新中国近三十年的历史，以及其他许多社会主义国家的历史，都证明，中央集权的计划经济体制，在一定的发展阶段和一定的历史条件下，确实发挥过重要的积极作用，促进生产力迅速发展，其发展速度甚至超过资本主义发达国家。但是，随着条件的变化，特别是生产规模的扩大和内容的丰富多彩，这种体制已越来越不能适应现代化建设的要求，逐渐转为妨碍和束缚生产力发展的僵化的体制。特别是中国，十年的"文化大革命"，使我国的经济发展水平同资本主义发达国家的差距，大大地拉开了。邓小平同志早就看到问题的严重性，他在1979年12月中央工作会议上尖锐指出："如果现在再不实行改革，我们的现代化事业和社会主义事业就会被葬送。"[1]

社会主义的改革，是生产关系适应生产力发展规律的要

---

[1]《邓小平文选》第2卷，人民出版社1994年版，第150页。

求。社会主义社会的基本矛盾，是否仍然是生产关系和生产力、上层建筑和经济基础的矛盾？这是国际共产主义运动中长期没有解决的一个重大理论问题。毛泽东同志首次从理论上正确地回答了这个问题。这是他的一大理论贡献。但是他在实际解决这个问题的时候，由于脱离生产力的实际水平而强调不断地改变生产关系，超越历史发展阶段，导致相反的结果。邓小平同志倡导的改革，采取了新的思路。他着眼于生产力的发展，使生产关系适应生产力的性质和发展水平，从根本上改变束缚生产力发展的旧经济体制，即由中央集权的计划经济逐步转到社会主义市场经济。这是对社会主义的经济体制的具有革命性的变革。所以，邓小平同志把我国的改革称为"第二次革命"，"一场解放生产力的革命"。把改革提高到这样的高度，是认识上的一个飞跃。这表明，在社会主义条件下，不仅要发展生产力，还要解放生产力，不通过改革解放生产力，就不能发展生产力。

如上所述，社会主义的改革，就是社会生产力冲破社会主义生产关系某些环节的束缚，为其自身的发展开辟道路。它的实质，就在于把亿万劳动者的积极性从旧的经济体制和旧的传统观念的束缚中解放出来，使他们的聪明才智得到充分发挥，产生巨大的生产力和物质财富，把社会主义变为充满生机与活力的社会主义，使社会主义制度更加完善，更加巩固。

科学社会主义的创始人，论证了社会主义代替资本主义的历史必然性,但他们对于怎样建设社会主义,从来没有去预先规定一个一成不变的模式。相反,他们一直把社会主义看作一个过程,总是强调,必须尊重群众的首创精神,尊重实践。关于社会主义的理论要由实践赋予活力,由实践来进行检验,在实践中得到发展。从某种意义上说,改革的过程,也就是探索怎样搞好社会主义,使之更符合于生产力的发展,更符合于社会主义初级阶段的历史和现实,更符合于最广大人民群众的最大利益,使社会主义优越性充分发挥出来的过程。

对外开放和改革是紧密相连的。不可能离开对外开放搞对内改革,也不可能离开对内改革搞对外开放。在今天这个开放的世界里,科学技术日新月异,迅猛发展,任何一个国家要发展,都离不开世界,与世界隔绝就是自甘落后。邓小平同志总结中国的近代历史,得出一个结论:中国离不开世界,关起门来搞建设是不行的。

社会主义,就其本质来说,是开放的而不是封闭的,是发展的而不是僵化的,吸收全人类包括在资本主义条件下创造的一切文明成果,是社会主义的题中应有之义,也是我们共产主义者的世界观。我们吸收资本主义发达国家的资金、技术、管理经验等,是作为社会主义建设的不可缺少的补充,不能影响我国社会主义制度的根本,归根到底,是有利于社会主义的。吸收外国的文明成果,并不是一切照搬,有一个适合不适合中国国情的问题,要从中国实际出发,切忌盲目性。由于社会制度和意识形态的不同,特别是在政治制度和文化领域,更不能一切照搬。中国这样的大国搞社会主义建设,主要依靠自己的力量,以独立自主、自力更生为基点,同时尽可能地争取外援,吸收一切对我有用的东西。

第四,坚持"两手抓"。

"两手抓"是形象的语言,它包含着深刻的哲学思想,是对辩证法的对立统一规律的运用。例如,在两个基本点问题上,既坚定不移地推进改革开放,又毫不动摇地坚持四项基本原则,反对资产阶级自由化。在两个文明建设问题上,既强调物质文明建设,又不放松精神文明建设。在改革开放和打击经济犯罪问题上,一手抓改革开放,一手抓打击经济犯罪。在经济建设和民主法制问题上,一手抓经济建设,一手抓民主法制。在对外开放问题上,既要积极吸收外国一切好的、对我有用的东西,又要坚决抵制和排斥一切腐朽的、落后的、阴暗的东西。在排除党内错误倾向干扰问题上,有右反右,有"左"反"左",要警惕右,但主要是防止"左"。在理解建设有中国特色社会主义理论并在实际工作中运用它的时候,决不可忘记两手抓,两手都要硬的战略方针,决不可忘记这个辩证法的两点论。这也是社会主义社会自身发展规律的要求。我们可以而且应当根据形势发展的需要,在一个时期、一个时候强调某一个方面,着重抓某一个方面,但即使在这种时期、这种时候,也决不能忽略另一个方面。总之,要坚持全面性,防止片面性。我们是两点论，不是一点论，当然也不是均衡论，均衡论不符合辩证法，在实际工作中也是行不通的。"两手抓"是邓小平同志运用辩证法的一个十分精到的特点。不深刻认识这一点，更不要说忽略了这一点，是绝不能准确地理解和把握建设有中国特色社会主义理论的。

邓小平同志运用辩证法的另一突出特点，是善于抓主要矛盾。过去有一位负责同志对邓小平同志作过一个评价，称赞他善于抓要点。这个评价是很恰当的。所谓抓要点，就是列宁说的抓住链条的中心环节，也就是毛泽东同志说的抓主要矛盾。善于抓主要矛盾，必须是全局在胸，有驾驭全局的能力。毛泽东同志说过："没有全局在胸，是不会真的投下一着好棋子的。"[1] 这里说的是战争问题，也同样适用于别的方面。邓小平同志所具有的这种驾驭全局的大战略家的品格，在民主革命时期，在他领导一个战略区、统率一个方面军的时候，早已显现出来，十一届三中全会以后表现得尤为突出。我们从十四年的历史中，从建设有中国特色社会主义理论的形成过程中，可以看出，邓小平同志面对纷纭复杂的局面，他总是从战略上着眼，高瞻远瞩，统筹全局，抓住主要矛盾，集中力量加以解决，从而打开一个全新的局面。让我们看一看吧：思想路线的拨乱反正，政治路线的拨乱反正，组织路线的拨乱反正，改革

---

[1]《毛泽东选集》第1卷，人民出版社1991年第2版，第221页。

开放新方针的提出，四项基本原则的重申，对毛泽东同志和毛泽东思想的科学评价，社会主义建设发展战略步骤的确定，抓住有利时机加快发展自己的部署，等等，这些都是对全局来说极重要、极有决定意义的问题，都是投下的一着又一着的好"棋子"。

邓小平同志建设有中国特色社会主义的理论，包含着丰富的深刻的辩证法思想，我们要好好地从中学习辩证法，反过来说，也要用辩证法的观点对待这个理论，用以指导各项工作。

第五，中国通向未来的现实之路。

马克思、恩格斯把社会主义从空想变为科学，创立了科学社会主义学说。列宁把科学社会主义从理论开始变为现实，建立起第一个社会主义国家。从此以后，人们在实践中对社会主义不断地进行再认识，探求一条建设社会主义以至最后实现共产主义的道路。这是一条人类历史发展中还没有走过的道路。由于历史的局限和在完全没有经验的情况下，面对着许多未知的因素，人们对于历史发展的进程，往往估计得不切合实际，对建设社会主义的艰巨性、复杂性和长期性认识不足，对资本主义世界发生的许多新情况也认识不足，好像社会主义很快可以建成，共产主义的实现也不是很远的将来。把理想当作现实，以美好的愿望代替当前的政策，决策超越了历史发展阶段，而往往带有某些空想的色彩。这样，社会主义的优越性不但得不到充分发挥，反而出现严重曲折。这就迫使人们进行反思,重新总结经验。以邓小平同志为代表的中国共产党人就是在这种大的历史背景下,提出和逐步形成建设有中国特色社会主义理论的。这个理论,是立足于中国这样的经济文化比较落后的国家的实际,根据对社会主义历史的总结和对当今世界的时代特征的冷静分析作出的。它是在中国由不发达的社会主义变为发达的社会主义的现实可行的、正确的道路,同时也就为最后实现共产主义奠定物质的、精神的基础。在这个理论指导下,我们党确定的目标是那样的明确,对社会主义、共产主义崇高理想的信念是那样的坚定,对马克思主义科学真理的追求是那样的执着,而达到理想境界的道路却又是非常实际的,非常现实的。例如,这个理论指出,社会主义是一个很长的历史阶段,我国现在还处在它的初级阶段,这个阶段至少要有上百年的时间。在初级阶段,又分三步走实现现代化,每一步都有一套具体的规划和措施。又例如,我们的改革采取稳步发展的方针,先农村,后城市,取得经验,逐步推广。又例如,我们的目标是实现全国全民的共同富裕,但是同步富裕不可能,要让一部分地区、一部分人先富裕起来,先富起来的帮助和带动后富的,最后达到共同富裕,走一条"之"字之路,等等。

理论是实践的向导。理论错了,实践必定是错的。但理论正确,并不等于实践一定正确。从理论到实践有许多中间环节,哪一个环节,特别是重要的环节错了,必然在实践上发生错误。所以，邓小平同志总是讲，看准了的，就要敢闯，敢"冒"，敢于试验，对的就坚持，不对的就赶快改。要摸着石头过河，走一步，就要总结一步的经验，等等。

总之，邓小平同志从理论到战略方针、战略步骤、具体政策以至工作方法，可以说，达到了理想与现实比较完满的结合。

综上所述，建设有中国特色社会主义的理论，是建立在辩证唯物主义、历史唯物主义和科学社会主义的坚实的理论基础上的，同时又不断地从现实生活中吸收新鲜的营养，再经过实践检验，不断地丰富着和发展着。

中国共产党从 1935 年遵义会议确立毛泽东同志在党内的领导地位，到 1945 年党的七大确立毛泽东思想为全党的指导思想，共十年的时间。这就是说，确立毛泽东思想的指导地位，是经过了十年思想上、理论上的准备，水到渠成，顺理成章。从 1978 年十一届三中全会建立以邓小平同志为核心的中央领导集体，到 1992 年党的十四大确定以邓小平建设有中国特色社会主义理论武装全党，以这一理论作为建设社会主义的指针，共十四年的时间。这就是说，确定以邓小平同志的理论在党内的指导地位，是经过了十四年思想上、理论上的准备，也是水到渠成，顺理成章。七大为我国新民主主义革命胜利作了思想上、组织上的准备，十四大为我国夺取社会主义现代化建设事业的更大胜利作了思想上、组织上的准备。用建设有中国特色社会主义的理论统一全党思想,在以江泽民同志为核心的党中央领导下,全面贯彻十四大精神,我们的目的一定能够达到。

建设有中国特色社会主义理论是
对毛泽东思想的继承和发展[*]

毛泽东思想是以毛泽东为核心的中国共产党第一代领导集体，在长期的革命斗争中，把马克思主义普遍原理同中国实际相结合而形成的。它主要是从民主革命时期的经验中总结、概括出来的，同时也包括对社会主义革命和社会主义建设时期经验的正确的理论概括。它的基本原理、原则和科学方法具有普遍的意义和长远的指导作用。

党的十一届三中全会以后，中国进入新的历史时期，出现了许多过去没有遇到过的新情况、新问题、新条件。怎样看待这些新情况，解决这些新问题，利用这些新条件？这就要适应新的需要，提出新观点、新办法、新政策，走出一条新路子，形成新的理论。以邓小平同志为核心的党的第二代领导集体就是这样做的，并且取得成功。这个新理论就是邓小平建设有中国特色社会主义理论。

---

[*] 这篇文章发表在《求是》杂志1994年第1期。

建设有中国特色社会主义理论同毛泽东思想的关系是怎样的呢？可以用一句话来概括，就是继承和发展的关系。毛泽东思想是一个科学思想体系，对毛泽东思想不存在纠正的问题。但是，由于毛泽东同志晚年在指导思想上在一定范围偏离毛泽东思想而犯了错误，因此，对毛泽东思想的继承和发展，首先有一个纠正毛泽东同志晚年错误，恢复毛泽东思想的过程。

一、建设有中国特色社会主义理论在哪些方面继承和发展了毛泽东思想

建设有中国特色社会主义理论，在不同的层次和不同的方面，继承和发展了毛泽东思想。最重要的可以列出以下几个方面。

第一，实事求是的思想路线。实事求是包含着丰富的哲学内涵，邓小平同志说它是辩证唯物主义和历史唯物主义的简明概括，是毛泽东同志的基本思想。十一届三中全会以来，邓小平同志领导拨乱反正，全面改革，实行开放，规划发展战略，制定一系列新方针新政策，都是在实事求是的思想路线指导下进行的。实事求是，是毛泽东思想的精髓和哲学基础，也是中国特色社会主义理论的精髓和哲学基础。在这个统一的哲学基础上形成了后者对前者的继承和发展的关系，否则就失去了继承的可能性，自然也就谈不上发展。这是贯穿在毛泽东思想和

建设有中国特色社会主义理论中的一条红线。邓小平同志在南方谈话中说："我读的书并不多，就是一条，相信毛主席讲的实事求是。过去我们打仗靠这个，现在搞建设、搞改革也靠这个。"[1] 这段话，可以看作邓小平同志对他领导开创建设有中国特色社会主义事业的十四年，乃至他从事革命事业几十年经验的基本总结。

讲到实事求是，就有一个对实事求是与解放思想的关系如何理解的问题。应当指出，两者在根本上是一致的。实事求是就包含着解放思想。情况变化了，历史前进了，人们的思想就要随之而改变。但人们的思想往往有滞后性，容易被习惯的力量、被旧传统旧观念所束缚，思想跟不上已经发展了的客观实际。在这种情况下，不解放思想，就谈不上实事求是。另有一种情况，当人们的头脑受到某种错误的思想、理论统治的时候，如果不从错误的思想、理论的禁锢中解放出来，也谈不上实事求是。解放思想是以实事求是为基础的，解放思想不是毫无根据的瞎想，也不是超越现实可能性的空想，瞎想和空想都是违反实事求是思想原则的。

应当指出，邓小平同志特别强调从解放思想中去实现实事求是的原则。从党的十一届三中全会提出"解放思想，实事求是"的口号，到十四大把"解放思想，实事求是"作为建设有

---

[1]《邓小平文选》第3卷，人民出版社1993年版，第382页。

中国特色社会主义理论的精髓，都表明了这一点。这是由特定的历史条件决定的。不论在拨乱反正中间，还是在全面改革时期，我们党遇到的阻力主要是来自"左"的思想封闭、思想僵化，因而必须突出地提出解放思想的任务。这体现了建设有中国特色社会主义理论在坚持实事求是思想原则这个问题上的新特点、新发展。

第二，一切为了人民群众、尊重群众首创精神的群众路线。贯穿于毛泽东思想与建设有中国特色社会主义理论中的，还有一条红线，就是群众路线。毛泽东同志把全心全意为人民服务作为党的根本宗旨，确定"共产党人的一切言论行动，必须以合乎最广大人民群众的最大利益，为最广大人民群众所拥护为最高标准"[1]。同样，邓小平同志时刻关注着最广大人民的利益和愿望，倾听群众的呼声，把"人民拥护不拥护""人民赞成不赞成""人民高兴不高兴""人民答应不答应"，作为制定各项方针政策的根本出发点和归宿。毛泽东同志把群众看作"真正的英雄"，认为"群众有伟大的创造力"，"只有人民，才是创造世界历史的动力"，领导者必须遵循"从群众中来，到群众中去"的工作路线。同样，邓小平同志强调，改革开放和现代化建设中出现的许多新事物，都是群众的创造、群众的发明、群众的智慧，领导人的责任和功劳是把这些事物"概括起

---

[1]《毛泽东选集》第3卷，人民出版社1991年第2版，第1096页。

来，加以提倡"。

第三，坚持独立自主走自己的道路的指导思想。把马克思主义的普遍原理同中国的具体实践相结合，走自己的道路，这个思想是贯穿于毛泽东思想和建设有中国特色社会主义理论中的又一条红线。这个思想最早是毛泽东同志提出的。中国的民主革命，根据这个思想搞成功了。社会主义改造，根据这个思想也胜利地实现了。社会主义改造基本完成以后，毛泽东同志开始探索一条中国式的建设社会主义的道路，提出了许多有价值的思想。由于各种局限，他没有寻找到一条建设社会主义的成功的道路，但是他的探索精神，他反对一概地照搬外国经验，坚持独立自主走自己的道路的思想，是十分可贵的。党的十一届三中全会以后，邓小平同志在纠正毛泽东同志探索中的失误的同时，继承了他的探索精神和坚持独立自主走自己的道路这一指导思想，终于找到一条成功之路——建设有中国特色的社会主义的道路。

一个实事求是，一个群众路线，一个独立自主，这是毛泽东思想的活的灵魂，这也是建设有中国特色社会主义理论的活的灵魂。邓小平同志曾经说过："毛泽东同志倡导的作风，群众路线和实事求是这两条是最根本的东西"，对我们党的现状来说，"特别重要"。[1] 又说："中国的事情要按照中国的情况

---

[1]《邓小平文选》第2卷，人民出版社1994年版，第45页。

来办，要依靠中国人自己的力量来办。独立自主，自力更生，无论过去、现在和将来，都是我们的立足点。"[1]邓小平同志创立建设有中国特色社会主义理论的过程中，始终遵循"两条最根本的东西"和一个"立足点"。这三者贯穿和渗透在邓小平同志的全部理论之中，也是邓小平同志能够找到一条成功之路的根本原因。这是中国特色社会主义理论在最基本的方面和在最高的层次上，即在世界观、方法论上，对毛泽东思想的继承和发展。

第四，关于社会主义的发展阶段。这是对基本国情的认识问题。毛泽东同志1959年12月至1960年2月在读苏联《政治经济学（教科书）》时提出社会主义社会可能分两个阶段的意见。他把社会主义社会分为不发达的阶段和比较发达的阶段。在此之后，毛泽东同志还多次谈到，社会主义社会是一个很长的历史阶段，要有上百年甚至更长的时间。这些思想是毛泽东同志在总结"大跃进"和人民公社运动的经验教训之后，得出的新认识。这同"大跃进"时代出现的很快向共产主义过渡的不切实际的空想迥然不同。提两个阶段的说法无疑是一个重要思想，但是他没有展开，没有说明，还是一个比较笼统的认识。

以邓小平同志为核心的第二代中央领导集体提出社会主义

---

[1]《邓小平文选》第3卷，人民出版社1994年版，第3页。

初级阶段理论，进行系统的阐述，并以初级阶段作为制定一切政策的根本依据，是对社会主义再认识的一个飞跃。七十年社会主义国家的历史说明，超越发展阶段，急于向共产主义过渡，几乎是一个通病。社会主义初级阶段的理论的提出，对国际共运是一个重大的理论贡献。

第五，社会主义社会的主要矛盾和根本任务。50年代中期，毛泽东同志和党中央指出：在社会主义改造基本完成以后，中国国内的主要矛盾是人民对于经济文化的日益增长的需要同当前经济文化的发展不能满足人民需要的状况之间的矛盾。我们的根本任务是"在新的生产关系下面保护和发展生产力"。毛泽东同志还说："革命是为建设扫清道路。革命把生产关系和上层建筑加以改变，把经济制度加以改变，……根本目的不在于建立一个新的政府、一个新的生产关系，而在于发展生产。"[1] 毛泽东同志并在实际上领导全党把工作重点转到了经济建设上来。这是在历史转换时期提出的正确思想和正确的战略决策。可惜的是，这个思想和战略决策不久被改变了，提出社会主义社会的主要矛盾是无产阶级和资产阶级的阶级矛盾，以后又进一步提出"以阶级斗争为纲"的错误指导思想，把发展生产力的任务、进行经济建设的任务放到次要地位。十一届三中全会以后，邓小平同志恢复并发展了毛泽东同志和

---

[1]《毛泽东年谱（1949—1976）》第3卷，中央文献出版社2013年版，第49、50页。

党的八大的正确思想和正确战略决策，确认社会主义改造基本完成以后，我国所要解决的主要矛盾，是人民日益增长的物质文化需要同落后的社会生产之间的矛盾。阶级斗争还将在一定范围内长期存在，在某种条件下还可能激化，但它已经不是主要矛盾。邓小平同志明确指出，整个社会主义历史阶段的根本任务是发展生产力。他把这个问题作为搞清什么是社会主义以及怎样搞社会主义的首要问题。这样，就解决了一个长期困扰我们党、关系我国社会主义命运的重大的理论问题和实践问题。随着改革开放和现代化建设实践经验的积累，邓小平同志对"根本任务论"有了进一步发展，提出一系列新观点，主要有：一、"贫穷不是社会主义，发展太慢也不是社会主义"；二、抓住时机，加快发展，每隔几年上一个台阶；三、三个"有利于"是判断各方面工作是非得失的根本标准；四、社会主义的本质是解放生产力，发展生产力，消灭剥削，消除两极分化，最终达到共同富裕；五、科学技术是第一生产力。

第六，关于社会主义建设的发展战略目标。在中国实现四个现代化，这是从毛泽东等第一代领导人到邓小平等第二代领导人坚持为之奋斗的社会主义建设的总的战略目标。它集中地反映了中华民族摆脱贫穷落后，建设一个繁荣富强的社会主义国家的意志和理想。

毛泽东同志确定了中国分两步走实现四个现代化的步骤。第一步，建立独立的比较完整的工业体系和国民经济体系；第二步，实现四个现代化。但是，他对四个现代化的具体标准是什么，心目中还缺乏一个明确的设计。

1979年12月，邓小平同志在与日本首相大平正芳的谈话中，对四个现代化的目标，第一次提出一个具体标准。大平问他，中国四个现代化的蓝图是如何构思的？邓小平答：四个现代化这个目标，开始是毛主席、周总理在世的时候确定的。我们要实现的四个现代化，是中国式的四个现代化，到20世纪末，争取国民平均收入（这里是指人均国民生产总值。——引者注）达到一千美金，算个小康水平。后来，邓小平同志对这个问题的思考逐步发展，形成三步走的战略步骤和目标，越来越切合实际，已经成为全党和全国人民为之共同奋斗的目标和理想。

第七，社会主义的发展动力。毛泽东同志提出：矛盾是社会主义社会发展的动力。"在社会主义社会中，基本的矛盾仍然是生产关系和生产力之间的矛盾，上层建筑和经济基础之间的矛盾。不过社会主义社会的这些矛盾，同旧社会的生产关系和生产力的矛盾、上层建筑和经济基础的矛盾，具有根本不同的性质和情况罢了。"[1] 毛泽东同志发现社会主义社会存在矛盾，以及关于社会主义社会基本矛盾的表述，是对斯大林在长时期中否认社会主义社会存在矛盾的传统理论的突破，是对科学社会主义理论的一大贡献，是今天我国必须进行经济体制改

---

[1]《毛泽东文集》第7卷，人民出版社1999年版，第214页。

革和其他领域的改革的理论依据。

但是毛泽东同志在解决这一对基本矛盾的时候出现某些失误。在农业方面，他用"一大二公"的指导思想解决生产关系和生产力之间的矛盾，离开了生产力的实际水平，以为公有化的程度越高，生产单位规模越大，越有利于生产力的发展，否则会束缚生产力的发展，因此强调实行单一的公有制和不断提高公有化的水平。（这中间他也曾提出一些有利于发展生产力的政策，改变"一大二公"的指导思想。）毛泽东同志以苏联的经验为鉴，提出发挥中央和地方两个积极性，给工厂企业一定的权力，兼顾国家、集体和个人三个方面的利益等一系列重要的、至今仍有指导意义的思想。由于历史的局限，他最后没有能够从根本上改变高度集中的计划经济体制，生产力没有得到应有的发展。他以阶级斗争为纲的指导思想解决上层建筑和经济基础之间的矛盾，把阶级斗争作为社会主义的发展动力，对社会主义和生产力的发展产生了不利的影响。

邓小平同志建设有中国特色社会主义理论，关于社会主义的发展动力问题，遵循新的思路，提出一整套新的方针、新的政策、新的办法，其中吸收了毛泽东同志一切正确的理论观点和政策。这个理论把改革作为社会主义的发展动力。关于经济体制改革，突破了许多被实践证明是不正确的传统观念，从根本上改变束缚生产力发展的高度集中的计划经济体制，发展商品经济，进而建立社会主义市场经济体制。与此同时，在所有制方面，由单一的公有制经济形态，改变为以公有制为主的多种所有制并存的经济形态；在分配制度方面，由单一的按劳分配改变为以按劳分配为主的多种分配方式。这些都是为了解决生产关系和生产力的矛盾，以解放和促进生产力的发展。政治体制改革是为了解决上层建筑和经济基础之间的矛盾，保证和推动生产力的发展。关于政治体制改革，一方面，坚持毛泽东同志制定的人民代表大会制度、共产党领导的多党合作和政治协商制度，坚决不搞西方资本主义国家的多党制和三权分立。另一方面，鉴于长期以来民主发扬不够，法制很不健全，特别强调发扬社会主义民主，健全社会主义法制，把建立社会主义民主政治作为政治体制改革的根本目标。建设有中国特色社会主义理论还把精神文明建设作为社会主义发展的一种推动力，坚持毛泽东同志关于文化对于政治和经济的重要影响和作用的原理，继承和吸收了毛泽东同志倡导的优良传统和作风。同时，又在新的条件下加以发展，提出以"四有"作为建设社会主义精神文明的目标。邓小平同志特别强调，要把共同的理想、坚定的信念和爱国主义教育作为中国发展的精神动力。

第八，中国与外部世界的关系。这里涉及两个重要问题。首先，要解决对国际形势，主要是对战争与和平问题怎样判断，以及实行什么样的国际战略的问题。关于战争与和平，毛泽东同志在"文化大革命"中曾说："关于世界大战问题，无非是两种可能：一种是战争引起革命，一种是革命制止战争。"[1]并且认为战争是不可避免的。这是毛泽东同志在那个年代对国际形势、对战争与和平问题的判断。十一届三中全会以后,邓小平同志根据70年代、80年代国际形势的变化,对战争与和平问题提出新的认识和判断。他指出,和平与发展是当今世界两大主题,由于和平力量有了可喜的发展,世界战争是可以避免的。与此同时,他调整了我国的对外政策,改变了毛泽东同志根据当时苏联霸权主义的威胁制定的"一条线"的国际战略。这两个转变意义重大,由此我们可以一心一意地搞建设,可以利用国际和平环境实行对外开放政策,否则是不可能的。这里应当特别提到,毛泽东同志在晚年,为打开中美、中日关系开辟了道路,为以后我国获得一个较好的国际环境,实行对外开放,起了重要作用。

其次,要解决怎样看待资本主义的问题。我国对外开放的很重要的方面,是向资本主义发达国家开放,同它们发展经济关系。这里有一个怎样对待资本主义国家经验的问题。毛泽东同志历来重视学习外国一切好的有用的东西。他说:一切外国的好经验我们都要学,不管是社会主义国家的,还是资本主义国家的。资本主义国家的先进的科学技术和企业管理方法中合乎科学的方面,都要学。他还提出利用外资的问题。但是60年代以后,在这个问题上,他的思想发生变化,主要锋芒是批

---

[1]《毛泽东年谱(1949—1976)》第6卷,中央文献出版社2013年版,第241页。

判资本主义，再往后甚至把不是资本主义的东西也当作资本主义加以批判。

十一届三中全会以后，在邓小平同志指导下，我们党形成这样一些新的观点：社会主义要发展，必须吸收全人类包括在资本主义条件下形成和积累的一切文明成果。资本主义国家中一切好的东西，只要对发展社会主义社会生产力有利，都要学习、吸收。有些东西，如科学技术、管理办法、经营方法等，并不能说是资本主义的或者为资本主义所特有的，它们既可以为资本主义服务，也可以为社会主义服务，谁用得好，就为谁服务。当今世界科学技术迅猛发展，社会化大生产越来越超越国界，国际竞争和斗争越来越取决于以经济和科技实力为基础的综合国力的较量，在这样的国际条件下，"关起门来搞建设是不能成功的，中国的发展离不开世界"[1]。邓小平同志提出的对外开放政策，就是建立在这些新思想、新观点的基础上的。

邓小平同志关于对外开放问题的一系列方针、政策、办法，同改革一样，都是对毛泽东思想的新发展，对科学社会主义的新贡献，是建设有中国特色社会主义理论中最富于创造性的一部分。

第九，四项基本原则。毛泽东同志1957年提出在我国政治生活中判断言行是非的六条标准，可以看作四项基本原则内容

---

[1]《邓小平文选》第3卷，人民出版社1993年版，第78页。

的最早表述。六条标准和四项基本原则产生的历史条件不同，但从根本上说是一致的、一脉相承的。正如邓小平同志所说，四项基本原则是我们党长期以来所一贯坚持的。其中坚持社会主义道路、坚持党的领导这两条，不论是毛泽东还是邓小平，都强调这是最重要的两条。

比起六条标准，四项基本原则在政治生活中的分量更为重要。四项基本原则被确定为我国的立国之本，实现四化的根本前提，社会主义建设的政治保证，构成党的基本路线的一个基本点。

四项基本原则，同马克思主义的其他一些原理原则一样，在实践中也要不断发展，被赋予新的时代内容。例如，坚持社会主义这一条，随着改革开放和现代化建设的开展，社会主义自身在变化着，完善着，它不是一个固定不变的和僵化的模式，这里就有一个怎么坚持社会主义的问题。再如，坚持党的领导，原则不能改变，但是如何实现党的领导，则是要随着改革开放和现代化建设事业的发展而不断改善。

以上我们从最主要的一些方面分析了建设有中国特色社会主义理论对毛泽东思想的继承和发展。还有许多方面，例如统一战线与和平统一祖国，党的建设，国防和军队建设，民族、宗教政策，文化政策，外交政策等，都有继承和发展的问题，这里不一一列举了。

从以上的分析来看，建设有中国特色社会主义的理论，对毛泽东思想的继承和发展，大致有几种情况。一种是完全继承或者原则上继承而赋予了新的时代内容的，如"活的灵魂"的三个方面、四项基本原则。一种是毛泽东同志提出一些重要的思想，但缺乏具体实施步骤，或者由于条件不具备而没有做到的，邓小平同志在新条件下，加以完善、系统化，形成概念，并逐步付诸实践，如四个现代化的战略目标。一种是毛泽东同志提出但没有展开论述的具有重要价值的思想，在邓小平同志那里形成了系统的理论，如关于社会主义初级阶段理论。一种是毛泽东同志提出了正确的理论而后来偏离了这个理论走到错误的方面，邓小平同志纠正了他的错误，恢复了他的正确的东西，又进一步发展了这个理论，如关于社会主义社会的主要矛盾和主要任务问题。这是在纠正偏离毛泽东思想的错误中，发展毛泽东思想。一种是由于国际条件的变化，改变了过去的认识，提出新的看法，作出新的判断，如前面讲到的战争与和平问题。还有一种，就是崭新的东西，如关于改革、开放的一系列新理论和新政策，特别是社会主义市场经济理论。这些内容，不仅对毛泽东思想来说是崭新的，对马克思主义科学社会主义来说，也是崭新的。

总之，建设有中国特色社会主义理论，对毛泽东思想有继承，有发展，有创新。它继承和汲取了毛泽东思想的精华，又在新的历史条件下，加以发展，增添了许多崭新的东西。这里有不同层次，不同方面，不同情况的继承和发展。随着实践的积累和时间的推移，会有越来越多的发展和创新。建设有中国特色社会主义理论把毛泽东思想发展到一个新阶段。毛泽东思想的基本原理是永存的，随着时间的推移，会越来越显示出它的生命力。我们都有这样的感受：对毛泽东思想、毛泽东同志的科学著作学习和掌握得越好，对建设有中国特色社会主义理论就会认识和理解得越深刻。同样的，对建设有中国特色社会主义理论、邓小平同志的著作学习和掌握得越好，就会对毛泽东思想理解得更深刻。它们之间有一个相互贯通的东西，一个具有内在同一性的东西，那就是马克思主义普遍原理同中国的实际相结合。

二、建设有中国特色社会主义理论是在总结历史经验中继承和发展毛泽东思想

以毛泽东为代表的党的第一代领导人，对中国如何建设社会主义的问题，进行了艰苦的探索，有成功的经验，有失败的教训，其中包括毛泽东同志晚年所犯的错误。这一切为建设有中国特色社会主义理论的产生，作了历史的准备。正如邓小平同志所说的："我们现在的路线、方针、政策是在总结了成功时期的经验、失败时期的经验和遭受挫折时期的经验后制定

的。"[1]

　　认识事物的发展规律，必须经过实践，而且必须经过正确和错误、胜利和失败的比较。新民主主义革命时期是这样，社会主义建设时期也是这样。我们党在民主革命时期，毛泽东同志就是总结了正面的和反面的、胜利的和失败的经验并且进行比较，才逐步认识中国革命的道路和发展规律，写出科学著作。而总结反面的、失败的经验，尤其重要，因为错误和失败，使得客观事物的矛盾暴露得更充分，人们比较容易认识和发现规律。毛泽东同志说过，没有胜利，没有我们那些失败，不经过万里长征，不经过第五次反"围剿"的失败，《中国革命战争的战略问题》那个小册子不可能写出来。毛泽东思想就是通过总结历史经验，特别是总结王明"左"倾错误路线的经验而形成的。有了毛泽东思想，才有了中国革命的成功。这是30年代、40年代的事。

　　历史的车轮把我们带到了70年代末80年代初。中国刚刚从"文化大革命"的灾难中走出来，中国向何处去？这个劈头的大问题摆在中国共产党和中国人民面前。这样，一个新路子的开辟，一个新理论的产生，一个能够回答历史课题、带领中国人民继续前进的人物的出现，成了时代的要求，历史的呼唤。错误发展到极端往往孕育着一种正确的主张、理论的产生，

---

[1]《邓小平文选》第3卷，人民出版社1993年版，第234页。

这在我们党的历史上似乎是一个规律。

以邓小平同志为代表的党的第二代领导集体,从总结"文化大革命"的错误着手,进而总结建国以来几十年的经验,逐步制定了十一届三中全会以来的路线、方针、政策,开辟了一条新路,形成建设有中国特色社会主义的理论,使中国走上生机勃勃、健康发展的道路。邓小平同志指出:"文化大革命""看起来是坏事,但归根到底也是好事,促使人们思考,促使人们认识我们的弊端在哪里。毛主席经常讲坏事转化为好事。善于总结'文化大革命'的经验,提出一些改革措施,从政治上、经济上改变我们的面貌,这样坏事就变成了好事。为什么我们能在七十年代末和八十年代提出了现行的一系列政策,就是总结了'文化大革命'的经验和教训"[1]。又说:"一九七八年我们党的十一届三中全会对过去作了系统的总结,提出了一系列新的方针政策。中心点是从以阶级斗争为纲转到以发展生产力为中心,从封闭转到开放,从固守成规转到各方面的改革。"[2]

我们党在总结历史经验,批评毛泽东同志晚年错误的时候,在党内和在社会上出现了一股摆脱社会主义道路,摆脱党的领导,全盘否定毛泽东和毛泽东思想的思潮。邓小平同志顶住了并批评了这股错误思潮,提出必须坚持四项基本原则。在邓小平同志主持下,党中央作出《关于建国以来党的若干历史

---

[1]《邓小平文选》第3卷,人民出版社1993年版,第172页。
[2]同上书,第269页。

问题的决议》，肯定毛泽东同志的历史地位和毛泽东思想的指导地位。邓小平同志提出："确立毛泽东同志的历史地位，坚持和发展毛泽东思想。这是最核心的一条。不仅今天，而且今后，我们都要高举毛泽东思想的旗帜。"[1] 同时，邓小平同志把被实践证明为正确的科学理论的毛泽东思想同毛泽东同志晚年的错误区分开来。这个区分有极大的重要性，解除了人们思想上的一种困惑，解决了理论上的一个难点，即：要肯定毛泽东思想，就无法批评毛泽东晚年的错误；批评毛泽东晚年的错误，就无法高举毛泽东思想的旗帜。历史决议的作出，成为团结全党和全国人民的思想政治基础，是为四化建设创造一个稳定的政治环境的必要条件。

作为我党第一代领导集体的主要成员之一和第二代领导集体的核心的邓小平同志，对我们党在探索社会主义道路过程中，成功的地方在哪里，不成功的地方在哪里，主要的问题和错误在哪里，他比别人有更深刻的理解，并且较早地从深层次、从指导思想上思考党的失误。因此，哪些方面应该纠正，哪些方面应该继承，哪些方面应该发展，他把握得准确。这是他能够深刻地总结历史经验的一个重要条件。他在指导起草历史决议的时候指出："从许多方面来说，现在我们还是把毛泽东同志已经提出、但是没有做的事情做起来，把他

---

[1]《邓小平文选》第2卷，人民出版社1994年版，第291页。

反对错了的改正过来,把他没有做好的事情做好。今后相当长的时期,还是做这件事。当然,我们也有发展,而且还要继续发展。"[1]这段话是1980年10月说的,讲得很实际,很深刻,仍有现实意义。这就是又继承,又发展,又纠正(纠正毛泽东同志晚年的错误),并且强调今后要继续发展。

三、建设有中国特色社会主义理论是在概括新的实践经验的基础上继承和发展毛泽东思想

正确的思想、正确的理论是从社会实践中来的。如果说,总结历史经验,是建设有中国特色社会主义理论从昨天的社会实践中汲取营养,继承和发展毛泽东思想;那么,在十一届三中全会以后的新时期,在研究新情况、解决新问题的过程中,建设有中国特色社会主义理论则主要地是从今天的社会实践中汲取营养,继承和进一步发展毛泽东思想。

邓小平同志1985年在党的代表会议上指出,十一届三中全会以来的七年间,我们主要做了两件事,一是拨乱反正,二是全面改革。这两件事都是探索在中国如何建设社会主义,也就是探索一条有中国特色的建设社会主义的道路。拨乱反正,并不是完全恢复到"文化大革命"以前的状况。按照历史发展

---

[1]《邓小平文选》第2卷,人民出版社1994年版,第300页。

进程，大体上划分一下，在党的十二大之前，比较侧重于拨乱反正，当然已经开始了改革开放；十二大以后，则更侧重于全面的改革开放。在拨乱反正中，比较强调恢复和坚持毛泽东思想，回到毛泽东思想的正确轨道上来，当然已经有了发展；在全面的改革开放中，则比较强调发展毛泽东思想，当然仍然有继承。

党的十一届三中全会，特别是全面改革开放以后，马克思列宁主义、毛泽东思想在中国有一个大的发展。这个发展，对前人有突破，有创新，提出新概念，形成新理论。不仅突破了毛泽东思想的某些理论观点，而且突破了马克思和列宁的某些理论观点，突破了科学社会主义的某些传统的理论观点。我们强调有中国特色的社会主义，不仅说明它是从中国的实际出发的，同时也说明它不同于传统的社会主义模式。为什么要这样做？为什么能够这样做？这是因为：世界、中国，资本主义国家、社会主义国家，政治、经济、科技，都发生了许多新情况、新变化，出现了许多前人没有遇到过的新问题，而中国人民在社会主义建设实践中创造了许多新的经验。理论需要对新情况、新变化作出说明，对新问题作出解答，对新的实践经验作出概括。客观情况发生了变化，人们的认识必须随之而改变，不能让已经发展了的实际去"符合"滞后的理论观点，让客观去"符合"已经落后了的人们的主观世界，那样做，就叫作削足适履，是行不通的，而应当使主观与客观相符合，理论与实际相一致。六十多年以前,毛泽东同志带领部队下井冈山来到赣南、闽西,到了平地,有了城市,环境变了,出现了新情况,可是有些同志思想仍然停留在老地方——山地、完全的农村。他当时说:"斗争的发展使我们离开山头跑向平地了,我们的身子早已下山了,但是我们的思想依然还在山上。我们要了解农村,也要了解城市,否则将不能适应革命斗争的需要。"[1]这段话,语言十分形象,内涵十分深刻。今天,我们的身子已经到了90年代,我们的思想就不能再停留在十几年、几十年以前那个时候。所谓"不能停留",不是说要完全抛弃过去的东西,不是的,过去的好东西是我们今天必须继承和发扬的。总之,思想要随着情况的变化而改变,理论要随着历史的发展而发展。理论发展的程度取决于客观形势变化的程度。

建设有中国特色的社会主义,是一个探索的过程,既不能从本本出发,从抽象的原则出发,也不可能机械地搬用别国经验,只能从中国实际情况出发,在实践中大胆试验,开拓前进,积累经验,逐步形成新的理论。

邓小平同志说:"我们现在所干的事业是一项新事业,马克思没有讲过,我们的前人没有做过,其他社会主义国家也没有干过,所以,没有现成的经验可学。我们只能在干中学,在

---

[1]《毛泽东选集》第1卷,人民出版社1991年版第2版,第114页。

实践中摸索。"[1]又说："绝不能要求马克思为解决他去世之后上百年、几百年所产生的问题提供现成答案。列宁同样也不能承担为他去世以后五十年、一百年所产生的问题提供现成答案的任务。真正的马克思列宁主义者必须根据现在的情况，认识、继承和发展马克思列宁主义。"[2]"不以新的思想、观点去继承、发展马克思主义，不是真正的马克思主义者。"[3]

　　同建设有中国特色的社会主义是一个探索的过程相适应，毛泽东思想在新时期的发展，建设有中国特色社会主义理论的形成，也是一个过程。建设有中国特色社会主义理论不是先验的，不是从学理和概念推演出来的。我们可以看到，邓小平同志的新政策、新办法、新观点，都是在解决实际问题中，在总结党和群众的实践经验中提出来的，再用以指导实践。经过长期的积累、思索，逐渐形成理论观点和理论构思，经过实践检验，然后再深化，并加以系统总结，加以完善，上升到更高的理论层次。这就是毛泽东同志所说的："通过实践而发现真理，又通过实践而证实真理和发展真理。""实践、认识，再实践，再认识，这种形式，循环往复以至无穷，而实践和认识之每一循环的内容，都比较地进到了高一级的程度。"[4]

---

[1]《邓小平文选》第3卷，人民出版社1993年版，第258—259页。

[2] 同上书，第291页。

[3] 同上书，第292页。

[4]《毛泽东选集》第1卷，人民出版社1991年版第2版，第296、297页。

建设有中国特色社会主义理论的形成，不是一帆风顺、平平安安的。要排除各种干扰，右的和"左"的。既要反对否定毛泽东思想的错误倾向，又要反对维护毛泽东同志晚年的错误理论的倾向。

建设有中国特色社会主义的理论，是邓小平同志集中了第二代领导集体的智慧和全党的智慧的结晶。但这个理论的根本点和主要点是他提出的，这个理论大厦主要是由他建造的，用他的名字来命名，是符合历史事实的。发展马克思列宁主义、毛泽东思想，并且突破它们的某些原理，创造新的理论，需要勇气和智慧。当年，毛泽东同志突破马列经典中的某些结论，开辟了一条中国式的革命道路。历史证明，毛泽东同志是正确的，他从中国的实际出发，发展了马克思列宁主义，他是真正的马克思主义者。今天，邓小平同志突破马列经典中的某些结论，开辟了一条建设有中国特色的社会主义道路。历史已经证明，邓小平是正确的。他从今天中国的实际出发，发展了马克思列宁主义、毛泽东思想，是真正的马克思主义者。

马克思列宁主义，毛泽东思想，建设有中国特色社会主义理论，必须在实践中继续发展，才能永葆革命活力，否则，就不是它们自身了，它们的生命也就停止了。

四、建设有中国特色社会主义理论是在新的时代和新的国际条件下对毛泽东思想的继承和发展

中国特色社会主义理论具有鲜明的时代特征。和平与发展已经成为当今世界两大主题。如果我们今天是处在或者战争引起革命，或者革命制止战争的时代，认为世界战争迫在眉睫，那么，我们就不可能一心一意地搞建设，也不可能实行现在的对外开放政策。

邓小平同志分析了当代世界形势，认为虽然战争的危险还存在，但是制约战争的力量有了可喜的发展，争取较长时间的和平是可能的，从而改变了我们过去关于战争不可避免的观点，提出战争是可以避免的新判断。十一届三中全会决定党的工作转到以经济建设为中心的轨道，一心一意搞建设，就国际条件来说，就是建立在这个判断上的。这个问题已在前面说过。

根据世界战争可以避免的论断，我们党调整了对外政策，积极发展同世界各国包括资本主义发达国家的关系和经济文化往来。正如邓小平同志说的："经过几年的努力，有了今天这样的、比过去好得多的国际条件，使我们能够吸收国际先进技术和经营管理经验，吸收他们的资金。这是毛泽东同志在世

的时候所没有的条件。"[1]这就是反映了新的时代特点。往后，邓小平同志的思想又进一步发展。他指出，我们是在一个贫穷的大国里进行改革的，这在世界上没有先例。光凭自己的经验和教训还解决不了问题，还要吸收国际的经验。[2]邓小平同志关于改革开放的新思想、新观点，使得建设有中国特色社会主义理论充满新时代的气息。

五、结语

毛泽东同志曾经把中国的民主革命和社会主义革命比作上下两篇文章，我想也可以借用这个比喻来说明江泽民同志在党的十四大报告中所概括的中国的两次革命。这两次革命所处的时代不同，完成的历史任务不同。第一次革命，是以毛泽东同志为代表的党的第一代领导集体领导全国人民完成的，把一个半殖民地半封建的旧中国变成一个社会主义的新中国。第二次革命，是以邓小平同志为代表的党的第二代领导集体领导全国人民开始进行的，将把一个不发达的社会主义国家变成一个富强、民主、文明的社会主义现代化国家。这两次革命都是在马克思列宁主义、毛泽东思想的指导下进行的。但是第二次革命

---

[1]《邓小平文选》第2卷，人民出版社1994年版，第127页。
[2] 参见《邓小平文选》第3卷，人民出版社1994年版，第266页。

必须由发展了的毛泽东思想，即建设有中国特色社会主义理论来指导。

毛泽东同志和邓小平同志分别代表中国共产主义运动的两个时期，完成两个不同的历史任务。第一个历史任务的胜利完成，为第二个历史任务的实现，奠定了基础。第二个历史任务是第一个历史任务的继续和发展。相应地，作为第二个历史任务的指导思想的建设有中国特色社会主义理论，也就是对毛泽东思想的继承与发展。

现在，以江泽民同志为核心的第三代领导集体，正意气昂扬地、满怀信心地领导全党和全国各族人民，继承第一代、第二代中央领导集体所开创的伟大事业胜利前进，迎接 21 世纪，迎接灿烂的明天。

什么是有中国特色的社会主义？*
——学习《邓小平文选》第三卷

《邓小平文选》第三卷，是邓小平同志最新、最重要的一部著作集，也是他最重视的一部著作集。从开卷篇十二大开幕词提出"走自己的道路，建设有中国特色的社会主义"这个全书的主题，中间展开，到终卷篇南方重要谈话作为全书的总结，前后连贯，融为一体，集中到一点，就是回答什么叫社会主义、怎样建设社会主义这个当代中国的首要问题。

下面，围绕这个首要问题，将邓小平同志的有关论述，分八个方面作一些介绍。

一、不断解放和发展生产力的社会主义

这是要弄清楚什么叫社会主义的关键问题。社会主义必须大力发展生产力，创造比资本主义更高的劳动生产率，为将来

---

* 这篇文章发表于《党的文献》1994年第1期。

的共产主义创造物质基础,这本来是马克思主义的常识。为什么邓小平同志把这个问题作为头等重要的问题,反复地强调和论述?就是因为在20世纪六七十年代的中国恰恰在这个问题上发生了错误和扭曲。在剥削阶级已经消灭的条件下,提出"以阶级斗争为纲",而把经济建设和发展生产力的任务放到次要地位。到"文化大革命","四人帮"甚至提出"宁要贫穷的社会主义"的荒谬口号,要人们安于贫穷。结果,中国的经济处于缓慢发展和徘徊的局面,处于贫穷落后的状态。于是,中国向何处去的问题发生了,中国怎样搞社会主义的问题发生了。正如邓小平同志所说,中国停滞了,"这才迫使我们重新考虑问题。考虑的第一条就是要坚持社会主义,而坚持社会主义,首先要摆脱贫穷落后状态,大大发展生产力,体现社会主义优于资本主义的特点"[1]。邓小平同志正是在总结我国历史经验的基础上,提出:在整个社会主义历史阶段的根本任务是发展生产力,这才是真正的马克思主义。

邓小平同志提出这个理论观点,有着国际的背景和时代的特点。一方面,和平和发展是当今世界的两大主题,世界大战是可以避免的,我们能够争取一个集中力量发展生产力、一心一意搞经济建设的国际条件。另一方面,世界并不太平,霸权主义、强权政治依然存在,来自外部的压力依然存在,而当前

---

[1]《邓小平文选》第3卷,人民出版社1993年版,第224页。

以至今后相当长的时期内,国际竞争的实质是以经济和科技实力为基础的综合国力的较量。在这样一种国际环境中,大力发展生产力,增强经济实力,建设起一个富强的国家,就成为异常尖锐的问题,它关系到我们的国家能不能站得住,我们的社会主义制度能不能坚持得住。

如果说,确定发展生产力为社会主义的根本任务,是从理论到实践的最根本的拨乱反正,那么,在下列几个问题上,则是邓小平同志对这一理论观点进一步的发展和深化,是邓小平同志的新贡献。

其一,关于"贫穷不是社会主义,发展太慢也不是社会主义"[1]。"贫穷不是社会主义",无疑振聋发聩,把经济发展速度问题作为是不是社会主义的一个标准,更加发人深思。在东欧发生剧变之后,1990年3月3日,邓小平同志同几位中央负责同志谈话时,系统地阐发了这个思想。他说:"现在特别要注意经济发展速度滑坡的问题,我担心滑坡。百分之四、百分之五的速度,一两年没问题,如果长期这样,在世界上特别是同东亚、东南亚国家和地区比,也叫滑坡了。世界上一些国家发生问题,从根本上说,都是因为经济上不去,没有饭吃,没有衣穿,工资增长被通货膨胀抵消,生活水平下降,长期过紧日子。如果经济发展老是停留在低速度,生活水平就很难提

---

[1]《邓小平文选》第3卷,人民出版社1993年版,第255页。

高。人民现在为什么拥护我们？就是这十年有发展，发展很明显。假设我们有五年不发展，或者是低速度发展，例如百分之四、百分之五，甚至百分之二、百分之三，会发生什么影响？这不只是经济问题，实际上是个政治问题。"[1]他还说："中国能不能顶住霸权主义、强权政治的压力，坚持我们的社会主义制度，关键就看能不能争得较快的增长速度，实现我们的发展战略。""使我们真正睡不着觉的，恐怕长期是这个问题，至少十年。"[2]

你看！邓小平同志把经济发展速度问题同我国社会主义的命运联系得如此之紧密。社会主义在同资本主义的对立和斗争中要能够站得住，而且优胜于资本主义，归根到底取决于社会主义是否有更高的发展速度。当然，这里说的速度，是从总体上、从战略上说的，因为经济发展受多种因素制约，有时快一些、有时相对慢一些是合乎规律的。在发展速度问题上，邓小平同志既反对低速度发展，因为低速度等于停步，甚至等于后退；也反对盲目地不切实际地追求超高速度，而且要求在讲效益、讲质量等前提下加快发展速度。1992年初的南方谈话，邓小平同志提出了"抓住时机，加快发展""发展才是硬道理"的著名论点。所谓"硬道理"，就是决定一切的东西，就是大

---

[1]《邓小平文选》第3卷，人民出版社1993年版，第354页。
[2] 同上书，第355—356页。

局,一切都要服从和服务于发展这个大局。这是邓小平同志的根本战略思想,这是贯串于《邓小平文选》第三卷的一条红线。

其二,关于三个"有利于"的标准。三个"有利于"的标准,归根到底是生产力标准。毛泽东同志在《论联合政府》中有一段非常著名的话:"中国一切政党的政策及其实践在中国人民中所表现的作用的好坏、大小,归根到底,看它对于中国人民的生产力的发展是否有帮助及其帮助之大小,看它是束缚生产力的,还是解放生产力的。"[1]这就是生产力的标准。我们是不是还可以进一步指出,生产力标准不但是衡量一个政党的政策的根本标准,也是衡量一个社会制度的根本标准呢?我看是可以的。邓小平同志1987年4月在同一位外国领导人谈话时说过:"现在虽说我们也在搞社会主义,但事实上不够格。只有到了下世纪中叶,达到了中等发达国家的水平,才能说真的搞了社会主义。"[2]这就是用生产力的标准来看待社会主义的问题,看待一个社会制度问题。过去我们主要地从生产关系方面来理解和考察这个问题,忽视了生产力。按照科学社会主义理论,当资本主义制度已经严重束缚生产力的发展,已经容纳不了庞大的生产力的时候,就要通过无产阶级革命,建立社会主义制度,以适应生产力发展的要求。所以,社会主义社会

---

[1]《毛泽东选集》第3卷,人民出版社1991年版第2版,第1079页。
[2]《邓小平文选》第3卷,人民出版社1993年版,第225页。

应该比资本主义社会有更高的、更加发展的生产力。但是历史的发展，却是另一个样子，社会主义大都是在经济比较落后的国家取得胜利，这些国家的生产力水平比发达的资本主义国家要低得多。中国就是这样的国家。邓小平同志正是从这个意义上说现在我们中国的社会主义"事实上不够格"。由此就应当得出这样的结论：必须集中力量，加快发展，力求使我们的国家较快地达到中等发达国家以至发达国家的生产力水平，以显示出社会主义制度的优越性，而绝不是改变和否定社会主义制度。

其三，关于在社会主义阶段，特别是它的初级阶段，不但要发展生产力，还要解放生产力。邓小平同志对这个问题说得很明白，很透彻。他说："社会主义基本制度确立以后，还要从根本上改变束缚生产力发展的经济体制，建立起充满生机和活力的社会主义经济体制，促进生产力的发展，这是改革，所以改革也是解放生产力。过去，只讲在社会主义条件下发展生产力，没有讲还要通过改革解放生产力，不完全。应该把解放生产力和发展生产力两个讲全了。"[1]

其四，关于"科学技术是第一生产力"。确定社会主义的根本任务是发展生产力，这是自觉地运用生产力在社会发展中起最后决定作用的规律，坚持了历史唯物主义的基本原理。而提出科学技术是第一生产力的论断，则是进一步确定科学技术

---

[1]《邓小平文选》第3卷，人民出版社1993年版，第370页。

在生产力中所占的地位,揭示了生产力自身发展的一个规律,发展了历史唯物主义的基本原理。科学技术同资本主义相结合,被资本主义所掌握,所利用,产生了巨大的生产力。科学技术同社会主义相结合,被社会主义所掌握,所利用,同样可以产生巨大的生产力;而且社会主义可以凭靠能够做到全国一盘棋,集中力量办大事这个优越性,产生更大的生产力。邓小平同志那样地重视和热心于我国的科学技术事业,正是因为他准确地把握了生产力这一发展规律。

解放和发展生产力是社会主义的根本任务这一观点,是建立在历史唯物主义的坚实的基础上,也是社会主义七十多年历史的实践经验的总结。它是建设有中国特色社会主义理论的核心和基石。

二、实现共同富裕的社会主义

解放和发展生产力是社会主义的根本任务,但不是社会主义的目的。解放和发展生产力最后要体现在提高人民生活水平,使人民共同富裕。实现全体人民的共同富裕才是社会主义的目的。"文化大革命"中"四人帮"鼓吹"贫穷的社会主义",让人民安于过贫穷的生活,并且在人们的思想观念上引起混乱,以贫为荣,以富为耻,这是对社会主义的严重歪曲。邓小平同志强调要致富,甚至使用"致富不是罪过"这样尖锐的语言来提出问题，这是从理论到实践的一个重要的拨乱反正。

共同富裕，一方面同"贫穷的社会主义"相区别，相对立；另一方面又同资本主义制度下的两极分化相区别，相对立。这是真正的社会主义的致富。

能不能共同致富，涉及社会主义的分配制度。邓小平同志在讲发展战略目标，讲中国实现小康水平时，总是联系到社会主义的分配制度，用来说明中国只能走社会主义道路，而不能走资本主义道路。例如，他在《建设有中国特色的社会主义》一文中说：我们到20世纪末达到国民生产总值人均八百美元，也就是达到小康水平的时候，"如果按资本主义的分配方法，绝大多数人还摆脱不了贫穷落后状态，按社会主义的分配原则，就可以使全国人民普遍过上小康生活。这就是我们为什么要坚持社会主义的道理。不坚持社会主义，中国的小康社会形成不了"[1]。又例如，他在《吸取历史经验，防止错误倾向》一文中说："中国要解决十亿人的贫困问题，十亿人的发展问题。如果搞资本主义，可能有少数人富裕起来，但大量的人会长期处于贫困状态，中国就会发生闹革命的问题。"[2]

保证实现共同富裕的基础是公有制经济在国民经济中占主体地位。我国处于社会主义初级阶段，允许各种经济成分存在

---

[1]《邓小平文选》第3卷，人民出版社1993年版，第64页。
[2] 同上书，第229页。

和发展，但公有制经济的主体地位不能动摇；与此相适应，分配方式有多种形式，但按劳分配占主要地位也不能动摇。有了这两条，就从根本上保证了不会发生两极分化，不会产生资产阶级。邓小平同志把公有制占主体与共同富裕并列为社会主义的根本原则。他说："一个公有制占主体，一个共同富裕，这是我们所必须坚持的社会主义的根本原则。"[1]

总之，平均主义不是社会主义，它抑制人民群众的积极性和创造性，束缚生产力的发展，平均主义"实际上是共同落后，共同贫穷"[2]。两极分化也不是社会主义，它导致阶级分化，产生资产阶级，产生新的社会矛盾，它与社会主义原则背道而驰。只有共同富裕才是社会主义。

实现人民的共同富裕，是一切社会主义者，从空想社会主义者到科学社会主义者，所共同追求的目标。但是怎样达到共同富裕？通过什么途径实现共同富裕？显然，同步富裕是不可能的，这是一条十分缓慢的甚至需要经过某些曲折的道路。邓小平同志提出一个新路子、新政策，这就是让一部分人、一部分地区先富起来，带动和帮助其他人、其他地区走向共同富裕。这是一条在提高效率的基础上实现效率与公平相统一的正确道路，是一条能够调动和激发人民群众发展生产积极性，推

---

[1]《邓小平文选》第3卷，人民出版社1993年版，第111页。
[2] 同上书，第155页。

动生产力加快发展，使人民生活水平较快提高的正确道路。邓小平同志把它叫作"加速发展、达到共同富裕的捷径"[1]。这个新政策是十一届三中全会以来发展改革开放的契机，也可以称作"第一推动力"。它一出台，中国的经济就活跃起来了。

有人对允许一部分人、一部分地区先富起来的政策产生误解，认为它必然导致两极分化。不能否认，在现实生活中，确实存在分配不公的现象，有时还出现差距继续拉大的趋势。这里有历史的原因，也有工作上的问题，比如有关的法律不健全，有关的政策不配套，许多管理工作没有跟上，还有经验不足的问题。同时也要看到这种暂时拉大差距的不可避免性。但是在理论上，在指导思想上，我们所要达到的目标，就是共同富裕，这是非常明确的。邓小平同志说："共同致富，我们从改革一开始就讲，将来总有一天要成为中心课题。社会主义不是少数人富起来、大多数人穷，不是那个样子。社会主义最大的优越性就是共同富裕，这是体现社会主义本质的一个东西。如果搞两极分化，情况就不同了，民族矛盾、区域间矛盾、阶级矛盾都会发展，相应地中央和地方的矛盾也会发展，就可能出乱子。"[2]这里有两点值得注意。一点是：共同致富，将来总有一天要成为中心课题，这是一个重要的提示。一点是：把共

---

[1]《邓小平文选》第3卷，人民出版社1993年版，第166页。
[2] 同上书，第364页。

同富裕提到社会主义的本质特征的高度。邓小平同志把共同富裕有时叫作社会主义的目的，有时叫作社会主义的根本原则，有时叫作体现社会主义本质的东西。总之，在邓小平同志关于社会主义的论述中，共同富裕占有非常重要的地位。

以上两个问题——不断解放和发展生产力的社会主义，实现共同富裕的社会主义，综合起来就是邓小平同志对社会主义本质界定的主要内容。他说："社会主义的本质，是解放生产力，发展生产力，消灭剥削，消除两极分化，最终达到共同富裕。"[1]这个界定，是邓小平同志对社会主义理论的一个重大发展，对社会主义本质所作的最深刻的揭示。它包含十分丰富的内容。既包括生产力方面，即解放和发展生产力；也包括生产关系方面，即消灭剥削，消除两极分化，而消灭剥削，消除两极分化，必然是以公有制或公有制占主体和消灭剥削阶级为前提；也包括社会主义的目的，即实现共同富裕。

三、改革开放的社会主义

改革开放的社会主义，就是有活力的社会主义。它是同封闭的、僵化的因而生产力发展缓慢的社会主义模式相对而言的。邓小平同志有一段非常深刻的话。他说：我们总的原则是四个

---

[1]《邓小平文选》第3卷，人民出版社1993年版，第373页。

坚持，问题是怎么坚持。"是坚持那种不能摆脱贫穷落后状态的政策，还是在坚持四项原则的基础上选择好的政策，使社会生产力得到比较快的发展？十一届三中全会决定进行改革，就是要选择好的政策。"[1]邓小平同志这里说的改革是包括对内搞活和对外开放两个方面。

改革开放的方针，是邓小平同志从总结中国历史经验中得来的，也是从分析20世纪下半世纪以来世界发展的新情况中得来的。社会主义阶段的主要任务是解放和发展生产力，目标是实现共同富裕，那么，发展生产力和实现共同富裕的方法是什么？道路是什么？过去我们采用过"大跃进"的方法，采用过"抓革命，促生产"的方法，采用过用行政手段搞群众运动的方法。这些方法都不成功。邓小平同志找到一个正确的道路和方法，这就是改革开放。用邓小平同志的话说，这个路子是逼出来的。他说：我们"在建立社会主义经济基础以后，多年来没有制定出为发展生产力创造良好条件的政策。社会生产力发展缓慢，人民的物质和文化生活条件得不到理想的改善，国家也无法摆脱贫穷落后的状态。这种情况，迫使我们在一九七八年十二月召开的十一届三中全会上决定进行改革"[2]。

改革、开放，都是开放，一个对内开放，一个对外开放。

---

[1]《邓小平文选》第3卷，人民出版社1993年版，第134—135页。

[2] 同上书，第134页。

开放，就是把经济搞活，把全国人民的积极性统统调动起来，扫除发展生产力的一切障碍。在革命战争年代，我们党靠政治动员，靠土地改革，调动了千百万人民群众的革命积极性，取得革命的胜利。在现代化建设时期，怎样调动人民群众建设社会主义的积极性呢？政治动员仍然是需要的，但主要的是通过改革，改变高度集中的计划经济体制，发展商品经济，进而实行社会主义市场经济体制。就是说，用发展社会主义市场经济的办法把人们的积极性调动起来，把人们的聪明才智发挥出来，使整个经济活起来。这个"活"，是活了社会主义，而不损害社会主义的本质。这个"活"不是无边无际的，不是无政府状态的。它是在国家实行宏观调控下面的活，是在法律规定范围内的活。

邓小平同志对改革性质问题有一个十分重要的论断：改革是中国的第二次革命。其所以被称为革命，就是因为它要从根本上改变束缚生产力发展的旧的经济体制，就是因为它在社会各方面，从经济基础到上层建筑以至人们的思想观念，引起深刻而广泛的影响和变化。这个革命不是改变社会主义基本制度，更不是变更政权，也不是"文化大革命"那样的革命，而是社会主义制度的自我完善。

搞改革，必须破除不正确的、不利于生产力发展的因而也不利于社会主义的某些传统观念。其中最主要的一条就是：往往把一些不损害社会主义本质的，有利于生产力发展的方法、手段当作资本主义的东西加以拒绝；把一些附加给社会主义的，不利于生产力发展的方法、手段当作社会主义的东西加以固守。所谓姓"资"姓"社"问题的争论，主要是在这个问题上，在改革开放中遇到"左"的阻力也主要是在这个问题上。邓小平同志说："许多经营形式，都属于发展社会生产力的手段、方法，既可为资本主义所用，也可为社会主义所用，谁用得好，就为谁服务。"[1]又说："计划和市场都是方法嘛。只要对发展生产力有好处，就可以利用。它为社会主义服务，就是社会主义的；为资本主义服务，就是资本主义的。"[2]邓小平同志这个观点，为解放思想，为深化改革，为确立社会主义市场经济体制，提供了有力的思想武器。

社会主义是最先进的社会制度，理所当然地要吸收全人类创造的一切文明成果，包括在资本主义条件下形成的科学的、进步的、适应社会化大生产的、有利于发展社会生产力的积极成果。社会主义的本质是开放的、发展的，而不是封闭的、保守的，这是我们实行对外开放首先就要弄清楚的一个问题。其次，当今世界，科技发展日新月异，任何一个国家要发展，关起门来，脱离世界，搞自我封闭，都是不可能的，社会主义国家同样如此。邓小平同志指出，闭关自守，是中国长期处于停

---

[1]《邓小平文选》第3卷，人民出版社1993年版，第192页。
[2] 同上书，第203页。

滞和落后状态的一个重要原因。他说:"经验证明,关起门来搞建设是不能成功的,中国的发展离不开世界。"[1]又说,中国要谋求发展,摆脱贫困和落后,光凭自己的经验和教训还解决不了问题,还要吸收国际的经验。这里所说的国际经验,主要是指发达国家的先进的科学技术和管理方法、经营方法等。邓小平同志在讲到学习和吸收外国经验的时候,同时强调要从中国的情况出发,不能照抄照搬。

我们说,我们的社会主义是改革开放的社会主义;也可以反过来说,我们的改革开放是社会主义的改革开放。改革开放必须坚持社会主义方向,这是邓小平同志强调的一个原则。他说:"在改革中坚持社会主义方向,这是一个很重要的问题。""我们现在讲的对内搞活经济、对外开放是在坚持社会主义原则下开展的。"[2]邓小平同志在制定改革开放这一战略方针的同时就指出,改革开放之后,会带进来一些坏东西,带来一些资本主义腐朽的东西,影响我们的人民,"要说有风险,这是最大的风险"[3]。他又说:"我们社会主义的国家机器是强有力的。一旦发现偏离社会主义方向的情况,国家机器就会出面干预,把它纠正过来。"[4]

---

[1]《邓小平文选》第3卷,人民出版社1993年版,第78页。
[2] 同上书,第138页。
[3] 同上书,第156页。
[4] 同上书,第139页。

邓小平同志关于改革开放问题的一系列论述，是建设有中国特色社会主义理论中最富于创造性和时代特征的一部分。对社会主义某些传统观念的突破，对科学社会主义的重大发展，主要表现在这一方面。我们说，十一届三中全会以来我们干的事业是全新的事业，这个新也主要体现在改革开放。邓小平同志在评论《中共中央关于经济体制改革的决定》时说了这样一段话："这次经济体制改革的文件好，就是解释了什么是社会主义，有些是我们老祖宗没有说过的话，有些新话。我看讲清楚了。过去我们不可能写出这样的文件，没有前几年的实践不可能写出这样的文件。写出来，也很不容易通过，会被看作'异端'。我们用自己的实践回答了新情况下出现的一些新问题。不是说四个坚持吗？这是真正坚持社会主义。"[1]邓小平同志这段话说明一个道理，就是怎样才是真正坚持社会主义。老祖宗没有说过的话不敢说，老祖宗没有做过的事不敢做，这是僵化，而不叫坚持社会主义。我们要在实践中不断地发展和完善社会主义，使它充满生机和活力，这才是真正坚持社会主义。

四、发扬民主、健全法制的社会主义

发扬民主是社会主义题中应有之义。但是，在国际共产主

---

[1]《邓小平文选》第3卷，人民出版社1993年版，第91页。

义运动历史上，在我国社会主义的历史上，都发生过发扬民主不够，甚至压制和践踏民主的现象，例如中国的"文化大革命"。邓小平同志总结历史教训，提出大力发扬社会主义民主，强调"没有民主就没有社会主义"，把建设社会主义民主政治作为政治体制改革的主要目标。邓小平同志赋予社会主义一个重要内容即民主，这就同包括中国在内的一些社会主义国家发生过的压制民主的"左"的错误划清了界限。邓小平同志把对人民的民主和对敌人的专政结合起来，把民主和集中、民主和法制、民主和纪律、民主和党的领导结合起来，这就同社会民主主义、无政府主义、极端民主化划清了界限。

  邓小平同志从来不讲抽象的民主。他反复强调，我们只能实行社会主义的民主、人民的民主，实行人民代表大会制度，实行共产党领导的多党合作和政治协商制度；决不能搞资产阶级的民主，决不能搞西方的多党竞选、三权分立那一套。他说："如果我们现在十亿人搞多党竞选，一定会出现'文化大革命'中那样'全面内战'的混乱局面。"[1]他又指出，民主化同现代化一样，要一步一步地发展，随着经济、文化程度的提高而不断地发展和充实，匆匆忙忙地搞不行，也不能追求形式上的民主，那样就"既实现不了民主，经济也得不到发展，只会出现

---

[1]《邓小平文选》第3卷，人民出版社1993年版，第285页。

国家混乱、人心涣散的局面"[1]。"民主是我们的目标，但国家必须保持稳定。"[2]邓小平同志又把发展民主同保持社会稳定紧密地结合起来。这些，都是从我国国情出发，有强烈的现实针对性。

对社会主义国家来说，健全社会主义法制同发扬社会主义民主同等重要。否则，少数人便可以为所欲为，使多数人的民主权利受到伤害。有了健全的社会主义法制，才能使社会主义民主得到切实的保障。在苏联，在中国，都有过严重破坏社会主义法制的惨痛教训，有过以言代法的问题。所以从十一届三中全会起，邓小平同志就十分强调法制建设。早在1978年12月13日的中央工作会议上，他就指出："为了保障人民民主，必须加强法制。必须使民主制度化、法律化，使这种制度和法律不因领导人的改变而改变，不因领导人的看法和注意力的改变而改变。"[3]他指出：应该集中力量制定各种必要的法律，并且加强检察机关和司法机关，做到有法可依，有法必依，执法必严，违法必究。总之，各种法律"有比没有好，快搞比慢搞好"[4]。随着改革开放和现代化事业的发展，特别是党的十四大确定建立社会主义市场经济体制之后，加强法制建设成为更加

---

[1]《邓小平文选》第3卷，人民出版社1993年版，第284页。
[2] 同上书，第285页。
[3]《邓小平文选》第2卷，人民出版社1994年版，第146页。
[4] 同上书，第147页。

紧迫的任务。

民主和法制是密不可分的。社会主义民主是健全社会主义法制的基础，社会主义法制是实行社会主义民主的保障。没有民主的法制是专制；没有法制的民主，会使民主得不到保障，或者走向极端民主化。所以邓小平同志说："社会主义民主和社会主义法制是不可分的。不要社会主义法制的民主，不要党的领导的民主，不要纪律和秩序的民主，决不是社会主义民主。"[1]

总之，我们的民主法制建设的目标，就是要在全社会造成毛泽东同志提出、邓小平同志多次重申的"又有集中又有民主，又有纪律又有自由，又有统一意志，又有个人心情舒畅、生动活泼，那样一种政治局面"[2]。

广泛的民主和健全的法制都是解放和发展生产力，深化改革，扩大开放的条件和保障，是体现社会主义优越性的重要内容，是社会主义不可缺少的重要内容。

五、两个文明共同发展的社会主义

社会主义的优越性不仅应表现在物质文明方面，还应表现

---

[1]《邓小平文选》第2卷，人民出版社1994年版，第359页。
[2]《建国以来毛泽东文稿》第6册，中央文献出版社1992年版，第543页。

在精神文明方面。两个文明建设都搞上去，才是有中国特色的社会主义。

物质文明和精神文明，在社会主义建设中，如鸟之两翼，车之两轮，互相促进，共同发展，缺一不可。物质文明是基础，是第一位的，是起决定作用的。不承认这一点就不是历史唯物主义。精神文明归根到底是从物质文明来的。物质文明建设为精神文明建设提供物质基础。"人民的物质生活好起来，文化水平提高了，精神面貌会有大变化。"[1]

但是，精神文明有相对的独立性，它对物质文明建设的影响和反作用是很大的。不承认这一点就不是辩证唯物主义。不能认为，物质文明搞好了，精神文明自然而然地就好了。决不能忽视思想教育的作用，决不能忽视各种文化生活对人们精神面貌的影响和作用。邓小平同志在强调物质文明建设的时候，从来没有忽略精神文明建设，正是他，针对党内忽视精神文明的情况多次强调地提出这个问题。早在1985年党的全国代表会议上，他就指出："我们为社会主义奋斗，不但是因为社会主义有条件比资本主义更快地发展生产力，而且因为只有社会主义才能消除资本主义和其他剥削制度所必然产生的种种贪婪、腐败和不公正现象。这几年生产是上去了，但是资本主义和封建主义的流毒还没有减少到可能的最低限度，甚至解放后

---

[1]《邓小平文选》第3卷，人民出版社1993年版，第89页。

绝迹已久的一些坏事也在复活。我们再不下大的决心迅速改变这种状况，社会主义的优越性怎么能全面地发挥出来？我们又怎么能充分有效地教育我们的人民和后代？不加强精神文明的建设，物质文明的建设也要受破坏，走弯路。"[1]

邓小平同志指出一手硬一手软的问题，一个重要方面就是抓精神文明，特别是抓思想教育这一手软。他认为这方面的失误比通货膨胀等问题更大，补救起来要困难得多。他说："最重要的一条是，在经济得到可喜发展、人民生活水平得到改善的情况下，没有告诉人民，包括共产党员在内，应该保持艰苦奋斗的传统。坚持这个传统，才能抗住腐败现象。所以要加强对人民进行思想政治工作，提倡艰苦奋斗。这是中国从几十年的建设中得出的经验。"[2]他还批评有些同志，多年来"埋头于具体事务，对政治动态不关心，对思想工作不重视，对腐败现象警惕不足，纠正的措施也不得力"[3]。邓小平同志这些话讲得多么中肯，多么切中时弊，值得我们深思。

在精神文明建设中，邓小平同志特别重视理想教育。"四有"中他最强调的是有理想。他在同日本首相中曾根康弘谈话时说："根据我长期从事政治和军事活动的经验，我认为，最重要的是人的团结，要团结就要有共同的理想和坚定的信念。

---

[1]《邓小平文选》第3卷，人民出版社1993年版，第143—144页。
[2] 同上书，第290页。
[3] 同上书，第325页。

我们过去几十年艰苦奋斗，就是靠用坚定的信念把人民团结起来，为人民自己的利益而奋斗。""我们共产党人的最高理想是实现共产主义，在不同历史阶段又有代表那个阶段最广大人民利益的奋斗纲领。"[1]这是邓小平同志作为无产阶级革命家积几十年的经验，总结出来的一条真理。在革命战争年代，我们在极端困难的物质条件下，战胜了比自己强大得多的敌人，靠的是什么？很重要的一条，是靠我们有崇高的理想和坚定的信念。今天，在改革不断深化，开放不断扩大，社会主义市场经济体制加快建立的形势下，仍然需要，甚至更加需要有崇高的理想，更加需要进行"四有"教育，加强以马克思主义为指导的社会主义精神文明建设，抵制各种腐朽的思想，诸如拜金主义、享乐主义、极端个人主义等。一定要使精神文明建设与物质文明建设相适应，相配合，以保证和促进物质文明建设顺利而健康地发展。

精神文明同物质文明一样，反映一个国家、一个民族兴旺发达的程度，涉及一个国家民族的形象问题，涉及一种社会制度的形象问题。50年代，我们国家很穷，但社会风气、人民的道德面貌很好，曾经为国外朋友所称道，即使我们的敌人也不能不承认这一点。我们自己也为此而自豪，这确实从一个方面显示出社会主义制度的优越性。邓小平同志在1989年9月

---

[1]《邓小平文选》第3卷，人民出版社1993年版，第190页。

4日同几位中央负责同志谈话时就这样说过:"五十年代,广大党员和人民讲理想,讲纪律,讲为人民服务,爱党,爱国家,爱社会主义,这样的社会风气和道德面貌不是很好吗?……我们要恢复和发扬这个传统。"[1] 50年代那些优良的社会风气和道德面貌应当恢复与发扬,这是人们普遍的期望。今天,我们国家的物质条件比过去不知要好多少倍,我们应当把精神文明建设搞得更好,把精神文明程度提得更高,在全社会造成浓厚的健康向上、积极进取的良好风尚。

六、与爱国主义相统一的社会主义

邓小平同志是伟大的马克思主义者,又是伟大的爱国主义者。维护国家的独立和主权、维护民族尊严、提高民族自尊心和自信心的爱国主义思想,洋溢在整部《邓小平文选》第三卷之中。这种思想鲜明地反映了中国人民不怕强权、不怕压、不信邪的骨气。1989年春夏之交的那场政治风波之后,西方国家对中国实行制裁,企图用强加的外力来压服中国,干涉中国的内政,改变中国的社会制度。邓小平同志针对这一形势,斩钉截铁地指出:"国家的主权、国家的安全要始终放在第一位","任何违反国际关系准则的行动,中国人民永远不会接受,也

---

[1]《邓小平文选》第3卷,人民出版社1993年版,第318页。

不会在压力下屈服"。[1] "中国永远不会接受别人干涉内政。我们的社会制度是根据自己的情况决定的，人民拥护，怎么能够接受外国干涉加以改变呢？"[2]他说，当他听到西方七国首脑会议决定要制裁中国时，马上就联想到1900年八国联军侵略中国的历史。他提出，要懂得些中国历史，这是中国发展的一个精神动力。要懂得些中国历史，不但要了解中华民族创造灿烂文化的历史，尤其要了解鸦片战争以后的一百多年，中国人民受屈辱、受压迫、受剥削的历史，中国人民为反抗帝国主义、封建主义的侵略和压迫而进行的不屈不挠的斗争，最后在中国共产党领导下取得革命胜利的历史。这就是爱国主义的教育。在《邓小平文选》第三卷中，邓小平同志提到两个精神动力，一个是共产主义理想的教育，一个就是爱国主义的教育。邓小平同志在会见美国前总统尼克松时还说道："谈到人格，但不要忘记还有一个国格。特别是像我们这样第三世界的发展中国家，没有民族自尊心，不珍惜自己民族的独立，国家是立不起来的。"[3]这些铿锵有力、掷地有声的语言激发了中国人民的爱国热情和民族自尊心。

　　邓小平同志关于爱国主义的思想，着眼于整个中华民族的振兴，整个中华民族的大团结，反映了他宽阔的眼界、宽阔的

---

[1] 《邓小平文选》第3卷，人民出版社1993年版，第348页。
[2] 同上书，第359页。
[3] 同上书，第331页。

胸怀。他说，我们要争取整个中华民族的大团结，我们集中力量搞四个现代化，是着眼于振兴中华民族，"没有四个现代化，中国在世界上就没有应有的地位"。"我们还有几千万爱国同胞在海外，他们希望中国兴旺发达，这在世界上是独一无二的。""下个世纪中国是很有希望的。"[1]

邓小平同志有一个重要思想，就是中国如果不坚持社会主义，中国就会失去独立，中国就会变成西方国家的附庸。他在《第三代领导集体的当务之急》一文中说："只有社会主义才能救中国，只有社会主义才能发展中国。在这一点上，这次暴乱对我们的启发十分大，十分重要，使我们头脑更加清醒起来。不走社会主义道路中国就没有前途。中国本来是个穷国，为什么有中美苏'大三角'的说法？就是因为中国是独立自主的国家。为什么说我们是独立自主的？就是因为我们坚持有中国特色的社会主义道路。否则，只能是看着美国人的脸色行事，看着发达国家的脸色行事，或者看着苏联人的脸色行事，那还有什么独立性啊！"[2]在这里，邓小平同志把维护国家独立、保证国家发展同我们坚持社会主义制度紧密联系起来，把爱国主义与社会主义完全统一起来。总之，没有国家的独立和主权就谈不上社会主义，反过来，对中国来说，没有社会主义也就没

---

[1]《邓小平文选》第3卷，人民出版社1993年版，第357、358页。
[2] 同上书，第311页。

有国家的独立和主权，没有我们民族的广阔前途。爱国主义是社会主义深厚而广泛的基础，社会主义赋予爱国主义以崇高的理想和新的时代内容。

七、维护世界和平、反对霸权主义的社会主义

《邓小平文选》第三卷有一篇文章，题为《坚持社会主义，坚持和平政策》。文中说："坚持社会主义，是中国一个很重要的问题。如果十亿人的中国走资本主义道路，对世界是个灾难，是把历史拉向后退，要倒退好多年。如果十亿人的中国不坚持和平政策，不反对霸权主义，或者是随着经济的发展自己搞霸权主义，那对世界也是一个灾难，也是历史的倒退。十亿人的中国坚持社会主义，十亿人的中国坚持和平政策，做到这两条，我们的路就走对了，就可能对人类有比较大的贡献。"[1]

两个"坚持"，两个"灾难"，邓小平同志如此鲜明地指出问题的重要性与严重性，紧密地把坚持世界和平与坚持社会主义统一起来，包含着深刻的含义。高高举起了维护世界和平、反对霸权主义的旗帜，同时也就是高高举起了维护社会主义的旗帜。主张世界和平、反对霸权主义的，有各种不同信仰和不同政治主张的人，不一定都是社会主义者，但是真正的社会主

---

[1]《邓小平文选》第3卷，人民出版社1993年版，第158页。

义者一定是坚决维护世界和平、反对霸权主义的。中国共产党，从毛泽东、周恩来到邓小平，一贯维护世界和平、反对霸权主义。正如邓小平同志所说："对这个问题，不仅我，还有中国其他领导人，包括已故的毛泽东主席、周恩来总理都多次声明，中国最希望和平。"[1]主张世界和平是由社会主义的根本宗旨和社会主义的本质所决定的。社会主义既然是以最大多数人民的最高利益为准则，它必然同危害人民利益的霸权主义和世界战争是不相容的。社会主义既然以解放和发展生产力、集中力量发展经济为根本任务，既然确定改革开放是解放和发展生产力的必由之路，就必然要求有一个和平的国际环境。所以邓小平同志反复强调，我国的对外政策，最基本的一条就是维护世界和平、反对霸权主义。反复说明，中国是维护世界和平和稳定的力量，中国越发展，世界和平越靠得住。他说："我们的对外政策是反对霸权主义，维护世界和平。我们把争取和平作为对外政策的首要任务。争取和平是世界人民的要求，也是我们搞建设的需要。"[2]

我们说，社会主义需要世界和平、反对霸权主义，难道还有危害世界和平、搞霸权主义的社会主义吗？苏联在一个时期，就曾出现过违背社会主义根本原则，执行错误的对外政策，实

---

[1]《邓小平文选》第3卷，人民出版社1993年版，第104页。
[2] 同上书，第116页。

行对外扩张，损害别国主权，搞霸权主义，极大地损坏了社会主义的形象，这是一个严重的历史教训。中国共产党把争取和维护世界和平作为对外政策的首要任务，赢得了人心，提高了社会主义在全世界人民心目中的威望，对世界形势的发展产生了巨大影响。

八、以马克思列宁主义、毛泽东思想为指导的，由共产党领导的，实行人民民主专政的社会主义

这就是四项基本原则。

马列主义、毛泽东思想的基本原理必须坚持，作为我们行动的指南。要运用马列主义、毛泽东思想的立场、观点和方法，认识和解决今天的实际问题。邓小平同志是坚定的马克思主义者。在80年代末90年代初，世界社会主义处于低潮的时候，邓小平同志则充满信心地说："我坚信，世界上赞成马克思主义的人会多起来的，因为马克思主义是科学。"[1]一些社会主义国家出现严重曲折，"不要认为马克思主义就消失了，没用了，失败了。哪有这回事！"[2]。这些语言表达了一位受人尊敬的老共产主义战士对马克思主义的坚定信念。但是，对马克

---

[1]《邓小平文选》第3卷，人民出版社1993年版，第382页。
[2] 同上书，第383页。

思主义者来说，有一个怎样对待马克思主义的问题。邓小平同志在《结束过去，开辟未来》一文中说："多年来，存在一个对马克思主义、社会主义的理解问题。""马克思去世以后一百多年，究竟发生了什么变化，在变化的条件下，如何认识和发展马克思主义，没有搞清楚。绝不能要求马克思为解决他去世之后上百年、几百年所产生的问题提供现成答案。列宁同样也不能承担为他去世以后五十年、一百年所产生的问题提供现成答案的任务。真正的马克思列宁主义者必须根据现在的情况，认识、继承和发展马克思列宁主义。""世界形势日新月异，特别是现代科学技术发展很快。现在的一年抵得上过去古老社会几十年、上百年甚至更长的时间。不以新的思想、观点去继承、发展马克思主义，不是真正的马克思主义者。"[1]对于中国共产党人来说，马克思主义必须同中国的实际相结合，离开中国的实际谈马克思主义，没有意义。马克思主义还必须随着时代的发展而发展，停留在原地不动，就会变成僵化的东西，脱离实际的东西。这些，都不是真正的马克思主义。

坚持四项基本原则的核心，是坚持共产党的领导。没有共产党的领导就不会有社会主义，东欧剧变和苏联解体的事实更有力地证明了这一点。主张全盘西化，主张在中国搞资本主义的资产阶级自由化的核心，就是反对共产党的领导。在中国，

---

[1]《邓小平文选》第3卷，人民出版社1993年版，第291、292页。

不论是主张搞西方那样的多党制，或者想在共产党内部再生长一个反对派别，都是错误的，都是不能允许的。如果那样，中国肯定要出现如邓小平同志所说的"天下大乱，四分五裂"。共产党的执政领导地位决不能动摇。共产党的领导只能加强，不能削弱；只能改善，不能取消。当然，共产党必须加强自身建设，接受监督。邓小平同志非常重视共产党和共产党员接受监督的问题。1957年他在西安干部会议的讲话中指出，所谓监督，来自三个方面：第一，是党的监督。对于共产党员来说，党的监督是最直接的。第二，是群众的监督。第三，是民主党派和无党派民主人士的监督。从一定意义上说，共产党执政地位是否稳定，取决于共产党的自身建设，包括接受监督。加强党的自身建设，改善党的领导，目的都是为了更好地实现党的领导。

人民民主专政实质上就是无产阶级专政。它是在人民内部实行广泛民主同对少数敌对分子和破坏分子实行专政的统一。为了保卫社会主义制度，为了解决存在于一定范围的、有时表现相当激烈的阶级斗争问题，为了保持局势的稳定，以便集中力量进行现代化建设，没有人民民主专政不行。在今天，人民民主专政同四十多年前一样，仍然是"如同布帛菽粟一样地不可以须臾离开的东西"。这句名言是毛泽东同志1949年在《为什么要讨论白皮书？》一文中说的。在过了四十多年之后，邓小平同志把人民民主专政的问题再一次强调地提出来，并从理论上进行阐述,说明这实在是一个重要问题,是中国人民维护自己根本利益的一个宝贝。邓小平同志说:"我不止一次讲过,稳定压倒一切,人民民主专政不能丢。你闹资产阶级自由化,用资产阶级人权、民主那一套来搞动乱,我就坚决制止。马克思说,阶级斗争不是他的发现,他的理论最实质的一条就是无产阶级专政。无产阶级作为一个新兴阶级夺取政权,建立社会主义,本身的力量在一个相当长时期内肯定弱于资本主义,不靠专政就抵制不住资本主义的进攻。坚持社会主义就必须坚持无产阶级专政,我们叫人民民主专政。在四个坚持中,坚持人民民主专政这一条不低于其他三条。"[1]过了一年多,邓小平同志在南方重要谈话中又重申了这个思想,并进一步指出:"依靠无产阶级专政保卫社会主义制度,这是马克思主义的一个基本观点。""运用人民民主专政的力量,巩固人民的政权,是正义的事情,没有什么输理的地方。"[2]

结　语

　　以上根据《邓小平文选》第三卷,主要从八个方面来说明什么是有中国特色的社会主义,也就是邓小平同志提出的什么

---

[1]《邓小平文选》第3卷,人民出版社1993年版,第364—365页。
[2] 同上书,第379页。

是社会主义，怎样建设社会主义的问题。这八个方面，都不是孤立的，而是相互关联，相互依存，相互渗透，构成一个有机的整体。它们从不同的角度揭示和描绘了有中国特色的社会主义的特征。这八个方面也不是平列的，在层次上有高低之分，在所占的地位上有主次之别，其中第一、第三、第八构成这个整体的支柱，这就是"一个中心，两个基本点"。

我想在这里套用毛泽东同志在其名著《论持久战》中分析持久战时所使用的方法，说明邓小平同志对社会主义的论述的规律性问题。《论持久战》整部著作分为两部分，前半部都是说明为什么是持久战和为什么最后的胜利是中国的，大体上都是说的"是什么"和"不是什么"。后半部则是研究"怎样做"和"不怎样做"的问题，也就是怎样进行持久战和怎样争取最后胜利的问题。邓小平同志关于社会主义的论述，我看也可以归结为"是什么"和"不是什么"，"怎样做"和"不怎样做"。上面归纳的八个方面，都是回答的社会主义"是什么"，它们的反面就是"不是什么"。比如，我们说，社会主义是不断解放和发展生产力的，它的反面就是束缚和影响生产力发展的；社会主义是实现共同富裕的，它的反面就是共同贫穷的或者两极分化的；社会主义是改革开放的，它的反面就是僵化的和封闭的，如此等等。这样一正一反相比较，相对照，什么是社会主义，什么不是社会主义的问题就清楚了，它们的规律性就显现出来了。所以我们说，邓小平同志关于建设有中国特色社会主义的理论反映了社会主义的规律性，因而它是科学，是毛泽东思想的继承和发展，是当代中国的马克思主义。

这些规律是怎样认识的？是通过什么途径和方法认识的？那就是解放思想，实事求是。毛泽东同志在解释实事求是的时候说："'实事'就是客观存在着的一切事物，'是'就是客观事物的内部联系，即规律性，'求'就是我们去研究。"[1]建设有中国特色社会主义理论，就是从"实事"的研究中得出的关于中国建设社会主义规律性的认识。今天的这个"实事"的内容比民主革命时期我们党所面对的"实事"要丰富得多，复杂得多，这里包括：我们党的历史经验，国际的历史经验，十一届三中全会以来新的实践经验，当代世界经济、政治、科技发展的新情况，等等。这里最重要的是新的实践经验。邓小平同志大力倡导和鼓励解放思想，大胆地试验，大胆地实践，大胆地闯，就是要从新的实践中总结出新的经验，得出新的认识——规律性的认识。

毛泽东同志在1962年扩大的中央工作会议上的讲话中指出，在社会主义建设问题上，我们还有许多未被认识的必然王国，我们要从实践中一步一步地认识客观规律。他说："我们对于客观世界的认识，要有一个过程。先是不认识或者不完全认识，经过反复的实践，在实践里面得到成绩，有了胜利，又

---

[1]《毛泽东选集》第3卷，人民出版社1991年版第2版，第801页。

翻过斤斗，碰了钉子，有了成功和失败的比较，然后才有可能逐步地发展成为完全的认识或者比较完全的认识。"[1]以邓小平同志为核心的党的第二代领导集体正是这样做的。他们在总结我国社会主义建设正反两方面经验和新的实践经验的基础上，逐步达到了对中国建设社会主义的规律性认识。当然，这个认识过程并没有完结，也永远不会完结。这个规律性认识的集中反映，就是邓小平同志建设有中国特色社会主义的理论，其代表作就是《邓小平文选》第二卷和第三卷。

建设有中国特色社会主义理论来之不易，应当十分珍惜。在这个理论指导下，我们党领导中国人民进行了新的翻天覆地的伟大事业，在实践过程中又进一步丰富和发展了建设有中国特色社会主义理论。

对这个理论的意义要有足够的估计和认识。在世界范围内，一系列社会主义国家，包括第一个社会主义国家相继发生剧变，改变了颜色，而社会主义的中国却屹立在世界的东方，岿然不动。全世界一些主要资本主义国家长期陷于经济衰退的困境之中，而社会主义的中国却以高速发展的经济形势，显示了社会主义制度的优越性。为什么会出现这样的奇迹，道理何在？归根到底，是因为我们有一个正确理论的指导，这就是建设有中国特色社会主义的理论。这个理论不仅是救中国的理

---

[1]《毛泽东文集》第8卷，人民出版社1999年版，第306页。

论,更是振兴中国的理论;不仅是救社会主义的理论,更是振兴社会主义的理论。这个基本理论,连同党的基本路线、十一届三中全会以来我们党积累的基本经验,已为许多国家,特别是第三世界国家,包括一些社会主义国家所重视,所瞩目。它的意义和影响已经开始越出了中国的国界。

这个理论在马克思主义发展史上占有重要地位。它比较系统地回答了中国这个幅员辽阔、人口众多、情况十分复杂、经济文化比较落后的东方大国如何建设社会主义,如何巩固和发展社会主义的一系列基本问题。它既有中国的特色,又包含着许多普遍意义的真理。按照邓小平同志的这个理论建设起来的社会主义是一个什么样的社会主义呢?它是在人们心目中有着崇高形象的社会主义,是一个创造新的辉煌业绩的社会主义,吸引越来越多的人向往它、崇敬它、爱慕它。这就是我们党提出所要建立的富强、民主、文明的社会主义现代化国家。

现实生活中还存在一些消极现象,引起人们的不满意。这说明,建设有中国特色社会主义理论还没有得到全面的理解和真正的贯彻落实,或者贯彻落实得很不力。现实生活中存在的一些问题,《邓小平文选》第三卷已指出来了,而且告诉我们应该怎样做。这就给我们提出一个任务,对《邓小平文选》第三卷,要认真地学习,深入地理解,全面地把握,有力地贯彻。

邓小平同志对社会主义这个人类美好的事业充满了信心。

他说:"中国肯定要沿着自己选择的社会主义道路走到底。谁也压不垮我们。只要中国不垮,世界上就有五分之一的人口在坚持社会主义。我们对社会主义的前途充满信心。"[1]只要我们坚持建设有中国特色社会主义理论毫不动摇,坚持党的基本路线毫不动摇,邓小平同志所规划的中国发展的战略目标一定能够达到,我们伟大的社会主义事业一定能够取得辉煌的成就。

---

[1]《邓小平文选》第3卷,人民出版社1993年版,第321页。

学习邓小平关于思想战线问题的论述 *

邓小平在领导改革开放和社会主义现代化建设的伟大事业中，始终没有放松对思想战线，特别是对文艺界和理论界的关注。

思想战线是党的全部工作中一个十分重要的方面。在党和国家的工作重心转移到经济建设、集中力量发展生产力的新形势下，依然如此。人们的行动总是受着思想的指导。思想战线同党的根本任务相一致，同其他战线的工作配合得好，党的事业就会顺利发展，从而成为推动社会进步的积极力量。反过来，思想战线同党的根本任务相违背，同其他战线的工作配合得不好，甚至起到涣散人心、造成混乱等反面的作用，党的事业就会受到严重干扰，从而成为阻碍社会进步的消极力量。

---

* 这是作者向中宣部等六单位召开的纪念邓小平诞辰一百周年理论研讨会提交的论文，发表在 2004 年 8 月 24 日《光明日报》。

邓小平在拨乱反正、改革开放和现代化建设的过程中，对出现的各种错误思潮和错误倾向总是及时地提出批评和纠正。这是邓小平关于社会主义物质文明和精神文明必须两手抓，两手都要硬的战略方针的具体体现。

根据实际情况，正确把握和进行两条战线的斗争，这是邓小平反对错误倾向的重要指导思想。这就是说，有"左"反"左"，有右反右。对"左"对右，都要具体分析。什么时候，什么倾向成为党的事业的主要阻力或危害，批评的矛头就对着什么。在反对一种主要错误倾向的同时，不放松对另一种错误倾向的警惕。这些都是要根据具体情况来确定的，这正是体现了邓小平实事求是的精神。

众所周知，邓小平对于20世纪自50年代末开始的我们党的"左"的错误，有着深切的了解和感受。从拨乱反正开始，他批评的锋芒主要是对着"左"。他指出："几十年的'左'的思想纠正过来不容易，我们主要是反'左'，'左'已经形成了一种习惯势力。""我们既有'左'的干扰，也有右的干扰，但最大的危险还是'左'。"[1]"'左'的东西在我们党的历史上可怕呀！一个好好的东西，一下子被他搞掉了。"[2]邓小平为开辟中国特色社会主义道路，同"左"的思想和倾向进行了不懈的

---

[1]《邓小平文选》第3卷，人民出版社1993年版，第228、229页。
[2] 同上书，第375页。

斗争。没有这种斗争，中国的社会主义事业就不可能有今天的新局面、新发展。

但是，邓小平从来没有说过，只能反"左"不能反右，当然也没有说过，只能反右不能反"左"。他指出："搞改革开放有两只手，不要只用一只手，改革是一只手，反对资产阶级自由化也是一只手。有时这只手重些，有时另一只手重些，要根据实际情况。"[1]他又指出："解放思想，也是既要反'左'，又要反右。三中全会提出解放思想，是针对'两个凡是'的，重点是纠正'左'的错误。后来又出现右的倾向，那当然也要纠正。"[2]这里所说的右的倾向，其主要表现就是怀疑、否定、反对四项基本原则。在1983年9月党的十二届二中全会召开之前，他又说过："最近翻了一下自己的讲话，过去两面的意思都讲了。哪一方面的意思讲得多一点，那是针对当时的情况讲的。那时'四人帮'什么都不让搞。针对那种情况，那一方面讲得多，另一方面的意思也有。现在倒是要强调另一面了。"[3]所谓"那一方面"主要是指反"左"，所谓"另一方面"主要是指反右。直到1992年邓小平为冲破当时改革开放遇到的种种阻力和思想障碍，在南方谈话中强调反"左"的时候，还是说到了两种倾向："右可以葬送社会主义，'左'也可以葬送社

---

[1]《邓小平年谱（1975—1997）》，中央文献出版社2004年版，第1289页。

[2]《邓小平文选》第2卷，人民出版社1994年版，第379页。

[3]《邓小平年谱（1975—1997）》，中央文献出版社2004年版，第931页。

会主义。中国要警惕右,但主要是防止'左'。"

我们党的历史上,曾经有过这样的深刻教训:只是一味地反对一种倾向,而不反对实际存在的另一种倾向,使党的事业遭受严重挫折。这个教训必须牢牢记取。而中国共产党正是从两条战线的斗争中巩固和壮大起来的,一方面反对右的错误,又一方面反对"左"的错误。当然,在不同的时候,不同的情况下,总有一种错误倾向是主要的。

不论是"左"的倾向还是右的倾向,除了认识方面的问题,都有其深刻而复杂的社会原因,有其历史根源,有些还有一定的国际因素。因此,对它们的批评要旗帜鲜明,不能任其发展。这是邓小平一再提醒我们的,并且为我们做出了榜样。1983年,思想战线上出现了许多混乱现象,出现了一种认为资本主义比社会主义好的错误思潮。邓小平敏锐地察觉到这个问题,认为思想界问题不少,有的问题相当突出。他在一次谈话中说:"所有的灵魂工程师,包括理论工作者在内,演员也是,不要搞污染。""好多搞污染的事情,要列举一下,在肯定成绩下面,讲这些污染误国害民。""现在思想战线是一片混乱。青年和人民不知道哪个是对的,哪个是错的。如果说我们这几年拨乱反正在各条战线搞得比较有条理的话,但思想战线还没有搞个头绪出来,是乱的。这在一个时期看不出它的坏处,但再乱几年,是不是会出现一个运动就难讲了。"[1]

思想战线出现混乱和误导，如果不及时地解决，任其发展，将会导致社会的混乱乃至动乱，这一点，邓小平当时就已经预感到了。他在1983年10月就指出，"不能低估思想战线混乱造成的影响"[2]。当时邓小平讲的思想战线的混乱情况以及精神污染的表现，主要是"散布形形色色的资产阶级和其他剥削阶级腐朽没落的思想，散布对于社会主义、共产主义事业和对于共产党领导的不信任情绪"。"对于西方各种哲学的、经济学的、社会政治的和文学艺术的思潮，不分析、不鉴别、不批判，而是一窝蜂地盲目推崇。"[3]邓小平对资本主义文化绝不是一概否定，而是要我们有分析地、有鉴别地吸收其有益的东西。在那次谈话五年以后出现的政治风波，就是对思想战线的资产阶级自由化不但纠正不力反而加以纵容的结果。正如邓小平1989年4月所指出的："反对资产阶级自由化，没有做到认真贯彻。反对精神污染，二十几天就丢掉了。如果贯彻得力，在思想界、教育界就不会像现在这么混乱。"[4]同年10月，他又指出："过去一段时间国内资产阶级自由化泛滥，我们党一些同志把思想阵地也交出去了。经过这件事，我们清醒了。"[5]

---

[1]《邓小平年谱（1975—1997）》，中央文献出版社2004年版，第929、930页。
[2]《邓小平文选》第3卷，人民出版社1993年版，第45页。
[3] 同上书，第40、44页。
[4]《邓小平年谱（1975—1997）》，中央文献出版社2004年版，第1273页。
[5] 同上书，第1291页。

邓小平多次指出，资产阶级自由化，其要害就是反对四项基本原则，特别是反对社会主义，反对共产党的领导，要改变我们社会的性质，主张全盘西化，把西方资本主义制度全盘搬到中国来，走资本主义道路。所以他斩钉截铁地说："反对资产阶级自由化，坚持四项基本原则，这不能动摇。这一点我任何时候都没有让过步。"[1]

任何一个国家政权，都需要有自己的意识形态（包括舆论）为其服务，以求巩固。古今中外，一概如此。一个政权，如果不把思想舆论阵地掌握在自己手里，或者把已经掌握在自己手里的阵地交出去，那么，它的巩固肯定要受到危害，甚至是十分危险的。在社会主义的中国，毫无疑问，必须巩固马克思主义在意识形态领域、在思想战线的指导和主导地位。

用什么方法解决思想战线上存在的问题和错误的东西呢？邓小平指出："中心的办法是展开批评和自我批评，加强理论上的争鸣。马克思主义者要出来说话。允许宣传资产阶级这一套，不允许共产主义者出来争？现在是共产主义者不出来争。要搞批评，搞文艺批评，只奖励不批评是不行的。"[2]

"马克思主义者要出来说话"，"现在是共产主义者不出来争"，这些切中当时时弊的话，对马克思主义者来说，是一种

---

[1]《邓小平文选》第3卷，人民出版社1993年版，第299页。

[2]《邓小平年谱（1975—1997）》，中央文献出版社2004年版，第930页。

极大的支持，同时又是一个有力的鞭策。

当年，邓小平曾批评一种不正常的现象，就是"对错误倾向不敢批评，而一批评有人就说是打棍子"[1]。他指出："我们应当承认，在理论界和文艺界对一些错误倾向是进行了一些马克思主义的批评的，只是效果不够显著。一则批评本身的质量和分量不够，二则抵抗批评的气势很盛。批评不多，却常被称为'围攻'，被说成是'打棍子'。其实倒是批评者被围攻，而被批评者却往往受到同情和保护。一定要彻底扭转这种不正常的局面，使马克思主义的和社会主义、共产主义的宣传，特别是在一切重大理论性、原则性问题上的正确观点，在思想界真正发挥主导作用。"[2]

之所以出现上述那种不正常的现象，而且还有相当的影响，不能说与过去的大批判运动没有关系。"文化大革命"中的大批判，极大地伤害和冤枉了许多持正确观点的人，包括一些真正的马克思主义者。"文化大革命"结束后，经过拨乱反正，在有些人中间产生了一种误解，分不清正确的批评与极左的大批判的本质区别，分不清事情的是非曲直，认不清事物的本质，谁受到批评就同情谁。当然也不排除有人故意混淆问题的是非，以抵制批评。

---

[1]《邓小平文选》第2卷，人民出版社1994年版，第389页。
[2]《邓小平文选》第3卷，人民出版社1993年版，第46页。

解决思想战线上的问题，同解决改革中的问题一样，都有一个破和立的问题。如果不破除旧的僵化的"左"的思想，不改掉阻碍生产力发展的旧的经济体制，新的具有活力的经济体制就建立不起来。在思想战线上，如果不批评那些公然反对、攻击、诽谤马克思主义和社会主义的言论，让鼓吹资产阶级自由化的东西任其泛滥，马克思主义的正确的东西也难以确立。而马克思主义正是在同错误东西的斗争中发展起来的。所以邓小平说：不破不立。"只有彻底地批了，也就是破了，正确的东西才能立起来。"[1]他在这里所说的"批"，是指对"四人帮"和林彪一伙的批判；所说的"立"，是指完整地准确地掌握毛泽东思想体系，在新的历史条件下恢复和发扬我党我军的优良传统和作风。我认为，作为一般的原则和方法，这句话同样适用于破资产阶级自由化同立四项基本原则的关系。

鉴于过去搞批判运动，带来许多消极作用，造成严重后果。邓小平特别强调地指出："我们在强调开展积极的思想斗争的时候，仍然要注意防止'左'的错误。过去那种简单片面、粗暴过火的所谓批判，以及残酷斗争、无情打击的处理方法，决不能重复。无论是开会发言、写文章，都要进行充分的说理和实事求是的科学分析。"[2]

---

[1]《邓小平年谱（1975—1997）》，中央文献出版社2004年版，第320页。
[2]《邓小平文选》第3卷，人民出版社1993年版，第47页。

这就是说，对错误思想，要作具体分析，是什么问题就是什么问题。不要随意上纲上线，动不动就扣帽子，讲过头话。总之，要实事求是，入情入理，以理服人。

邓小平反对和批评思想战线的各种错误倾向，包括"左"的和右的，反对和批评资产阶级自由化，归根到底，是为了创造和保持一个良好的、健康向上的社会氛围和安定团结的政治局面，以保证党的基本路线贯彻实施，保证改革开放顺利进行，保证社会主义现代化完满实现，保证中国社会主义伟大事业不断从胜利走向胜利。

从十五大看马克思主义中国化*

党的十五大站在世纪之交的历史高度,指出中国社会经历了三次历史性巨变,产生了三位站在时代前列的伟人:孙中山、毛泽东、邓小平。十五大报告回顾了马克思列宁主义同中国实际相结合的历史,指出在这一历史过程中有两次历史性飞跃,产生了两大理论成果——毛泽东思想和邓小平理论,说明了马克思列宁主义、毛泽东思想和邓小平理论是一脉相承的统一的科学体系,对邓小平理论的历史地位、指导意义、科学体系和时代精神作了新的阐述。

一部中国共产党的历史就是马克思主义中国化的历史。

"十月革命一声炮响,给我们送来了马克思列宁主义。"[1]从那时起,就在客观上提出了把马克思主义中国化的问题。在一个半殖民地半封建的落后的东方大国里进行革命,必然遇到

---

* 这是作者 1998 年 12 月 26 日在中共中央文献研究室和中共湖南省委召开的"毛泽东邓小平与马克思主义中国化理论研讨会"上的发言,发表在《党的文献》1999 年第 2 期。

[1]《毛泽东选集》第 4 卷,人民出版社 1991 年版第 2 版,第 1471 页。

许多特殊的复杂问题。单靠背诵马克思主义的原理和词句,照搬俄国十月革命的经验,不可能解决这些问题。然而,在中国共产党成立后的很长一段时间里,这个道理并没有为全党所认识。在那时,实际上存在着对马克思列宁主义的两种态度、两种思想方法。一种是教条主义的态度和思想方法,一种是实事求是的态度和思想方法。从"本本"出发,还是从实际出发,形成了中国共产党两条截然相反的思想路线。马克思主义中国化的问题,正是在同教条主义倾向的斗争中提出来的。

毛泽东对中国国情和中国革命规律的深刻认识,是经历长期的革命实践,并不断总结经验(包括别人的经验)而逐步达到的。从他创建中国农村第一个革命根据地的时候起,实际上就开始了对适合中国情况的革命道路的伟大探索。1930年5月发表的《反对本本主义》一文,是毛泽东从思想方法和认识路线上对这一探索的初步概括。这篇文章,形成了独立自主、实事求是和群众路线的思想雏形,是马克思主义中国化的奠基之作。

毛泽东的正确主张并没有立即为全党所接受。不久,王明"左"倾冒险主义在党内占据统治地位,把对待马克思列宁主义的教条主义倾向发展到极端,使中国革命遭受了致命性打击。惨痛的教训使全党同志逐步冲破教条主义的思想枷锁,重新考虑中国革命究竟怎么搞的问题。以遵义会议为转折点,中共开始了建党以来第一次空前持久的思想解放运动。毛泽东始终站在这场思想解放运动的最前沿，独创性地进行了一系列的理论建树。

毛泽东的系统的理论建树，是从总结第二次国内革命战争时期正反两方面的经验，迎接中华民族抗日高潮开始的。《论反对日本帝国主义的策略》《中国革命战争的战略问题》《实践论》《矛盾论》，是这一时期正在形成的毛泽东思想的主要著作。这些文章，实际上从政治路线、军事路线和思想路线三个方面，系统地批判了王明"左"倾冒险主义，是遵义会议历史性转折的继续和展开。

抗日战争初期，实事求是的思想路线再一次受到王明教条主义的挑战。不同的是，这次教条主义者是以右倾投降主义的面貌出现的。这次右倾投降主义，在中共六届六中全会上得到了基本纠正。

1938年9月到11月召开的中共六届六中全会，在马克思主义中国化的历史上具有极其重要的地位。这次全会批准了以毛泽东为首的中央政治局的路线，基本上纠正了王明右倾投降主义错误。毛泽东在全会上作《论新阶段》的政治报告和会议总结，第一次向全党提出"马克思主义中国化"的任务。从此，马克思列宁主义同中国实际相结合，进入了更加自觉地深入了解中国国情并从事理论创造的新阶段。

这里附带说一下，"马克思主义中国化"这个提法，后来在编辑《毛泽东选集》的时候，毛泽东亲笔把它改为"马克思主义在中国的具体化"。从此，后一个提法代替了前一个提法。这样改，自然有其合理的地方。但我觉得"马克思主义中国化"的提法，似乎更能体现中国的特色。现在理论界已越来越多地使用原有的提法了。

1940年，毛泽东发表《新民主主义论》，标志着毛泽东思想比较完整地形成并达到成熟。到这时，马克思主义中国化实现了第一次历史性的飞跃。毛泽东为中国找到了一条由半殖民地半封建社会，不经过资本主义社会阶段而逐步转变为社会主义社会的道路。这就是说，从理论上解决了中国这样的东方大国跨越"卡夫丁峡谷"的问题。这是一个具有伟大意义的理论创造。它完全是马克思主义的，又完全是中国式的。

1942年开始的延安整风，巩固了遵义会议以来的思想解放运动的成果，彻底清算了共产党内的教条主义，确立了实事求是的思想路线。在此基础上，党的七大，确立了毛泽东思想在全党的指导地位，马克思主义中国化在全党形成共识。

中华人民共和国成立以后，马克思主义中国化进入了新的历史时期。在新民主主义革命取得完全胜利以后，毛泽东根据当时社会经济发展出现的新情况，集中党和人民的实践经验和集体智慧，制定了党在过渡时期的总路线，成功地开创了独特的中国社会主义改造道路。

这里单说一个农业改造即农业合作化问题。有人认为，毛泽东关于农业合作化的理论反映了他的农业社会主义思想。我觉得这样评论是不恰当的。毛泽东关于农业合作化的理论与农业社会主义是根本不同的。他提出的先合作化后机械化的思想，是根据中国农业互助合作的实践经验，并以资本主义发展初期手工业工场的简单协作有利于提高劳动生产率这一历史事实为依据的。他主张社会革命与技术革命同时并举的方针，强调发展为农业服务的工业和实现农业机械化。他始终认为，只有大工业才是新民主主义社会和社会主义社会的物质基础。建立一个强大的工业，并用以装备和发展农业，这是他一贯追求的目标。他指导农业合作化运动的错误主要在于要求过急，并且认为，合作社的规模越大，公有化程度越高，越有利于解放和发展生产力。这就脱离了农村生产力的实际发展水平，脱离了广大农民的接受程度，反而束缚了生产力的发展。

以1956年党的八大为标志，随着国内主要矛盾的变化和全党工作中心的转移，马克思主义中国化的主题，也从革命逐步转向建设。在此前后，毛泽东接连发表了《论十大关系》和《关于正确处理人民内部矛盾的问题》等重要著作，开始了对适合中国国情的社会主义建设道路的艰难探索，力图把马克思主义中国化在全新的历史条件下，继续推向前进。这些科学著作，不仅在当时，而且对今后我国的社会主义建设，都有指导意义。说毛泽东思想只是指导革命的理论，而不是指导建设的理论，这显然是不完全的。

从1957年反右派斗争严重扩大化开始，党在指导思想上接连发生一系列的错误,马克思主义中国化的进程出现前所未有的艰难曲折。党在指导思想上的两种趋向,同样反映在马克思主义中国化的进程中,表现为实事求是同主观主义的矛盾。历史的复杂性在于,许多实事求是的主张是在毛泽东头脑冷静的时候,在他了解了实际情况并作出正确的判断的时候,由他首先提出的;许多主观主义、脱离实际的决策,也是由他作出的,反映了他头脑发热、脱离实际的另一面。毛泽东在晚年犯的错误,从根本上说,都是在"什么是社会主义、怎样建设社会主义"这个基本问题上,超越或脱离了中国处于社会主义初级阶段这个最大的实际,对马克思主义经典作家关于社会主义和共产主义的某些论述作了教条式的理解(有的则是离开了马克思主义)。其表现形式主要是"左"。在陷入阶级斗争扩大化的迷误中不能自拔的情况下,毛泽东不但不自觉其为错误,反而坚持认为这是在坚持和发展马克思列宁主义,是在捍卫马克思主义的纯洁性。这正是毛泽东晚年的悲剧所在。

毛泽东晚年犯了全局性的错误,马克思主义中国化的进程被中断,但并没有终结。

从"文化大革命"结束到党的十一届三中全会召开之前,存在着解放思想、实事求是同"两个凡是"的斗争。这场斗争的核心问题,是怎样才是高举毛泽东思想的旗帜。"两个凡是",表面看似乎是坚持了毛泽东思想,实际上却是维护了毛泽东晚年的错误,违反了毛泽东思想。不冲破"两个凡是"的思想束缚，就无法使中国走出困境，开创社会主义现代化建设的新时期，马克思主义中国化的事业就会被葬送。邓小平提出"完整地准确地理解毛泽东思想"的口号，支持关于真理标准的大讨论，再一次掀起全党范围的思想解放运动，重新确立党的实事求是的思想路线，实现了十一届三中全会的伟大历史性转折。马克思主义中国化从此进入一个新阶段，呈现出波澜壮阔、丰富多彩的生动局面，显示了马克思主义的强大生命力。

重新确立实事求是的思想路线，坚持和发展毛泽东思想，对于邓小平开创建设有中国特色的社会主义伟大事业，具有极端重要的意义。

在批判"两个凡是"的过程中，拨乱反正工作主要受到来自"左"的阻力，同时又有来自右的干扰，这就是否定毛泽东的历史地位进而否定毛泽东思想、否定中国共产党的领导、否定社会主义道路的错误思潮。在同这种思潮的斗争中，邓小平提出了著名的"四项基本原则"。

从邓小平发表《解放思想，实事求是，团结一致向前看》这篇开创社会主义现代化建设新时期、新道路、新理论的宣言书到现在，已经走过了二十年的发展历程。中国的面貌，起了革命性的巨变。中国社会主义改革开放二十年的历史证明，在毛泽东逝世以后，只有以邓小平为代表的中国共产党人，从实际出发，大胆实践，大胆创新，集中党和人民的实践经验和集体智慧，用新的观点来认识、继承和发展马克思列宁主义、毛泽东思想，创立了建设有中国特色社会主义理论，实现了马克思主义中国化的又一次历史性飞跃。党的十五大，邓小平理论正式被确定为党的指导思想，并载入党章。

在马克思主义中国化的历史上，当中国革命和建设处在历史转折的关头，党内发生思想混乱的时刻，总会提出这样的问题：怎样才是真正坚持马克思列宁主义、高举马克思列宁主义的旗帜？事实证明：只有把马克思列宁主义作为科学体系完整地准确地理解，掌握其基本的立场、观点和方法，而不是采取教条主义的态度，更不是各取所需、断章取义，这才是真正的坚持和高举；只有坚持实事求是的思想路线，根据本国实际和时代特征大胆创新，而不是拘泥于前人已有的结论，才是真正的坚持和高举。毛泽东和邓小平是把马克思列宁主义同中国实际相结合、创造新理论的典范，是马克思主义中国化的典范。

以上，我们对马克思主义中国化的进程作了一个轮廓式的历史回顾。下面，我想着重讲一个问题，就是在对毛泽东思想和邓小平理论的研究和宣传中，怎样贯彻十五大精神的问题。

从十五大报告中，我们可以获得以下几个突出的认识。

第一，十五大肯定毛泽东和邓小平是中国共产党两个最突出的代表，作为世纪伟人载入史册。这是对毛、邓历史地位的郑重肯定。在毛泽东逝世以后，对毛泽东的历史地位首先作出科学评价的，是邓小平。邓小平作为战略家，他懂得，如何评价毛泽东这样的历史人物，绝不只是对毛泽东个人的问题，而是涉及全党全国人民根本利益的问题。邓小平从中国人民的根本利益出发,以很大勇气纠正了毛泽东晚年的错误。同样,他从中国人民的根本利益出发,以更大的勇气,肯定和维护了毛泽东的历史地位。他主持起草党的第二个历史决议,对毛泽东的历史地位作出科学的评价,并成为全党的共识。这为全党的团结,国家的稳定,新道路的开辟奠定了坚实的政治基础。以后,江泽民同志在代表党中央所作的一系列重要报告和讲话中,又一再重申这一评价。他指出:"正确地评价毛泽东同志的历史功过、确立毛泽东思想的历史地位,关系到怎样看待党和国家过去几十年奋斗的成就,关系到党的团结、国家的安定,也关系到党和国家未来的发展道路。"[1]

但近年来,在某些报刊和书籍中,常常看到有人极力贬低和否定毛泽东,个别人甚至使用许多极端语言诋毁毛泽东。有些批评者,随意性很大,讲了许多不负责任的、不符合事实的和毫无根据的话,甚至是张冠李戴、制造谣言。不管作者出于何种动机,这样做都是非科学的,是对党、对人民、对我们的事业十分有害的。这不仅与党的决议和十五大报告相违背甚至相抵触,而且为全国人民所不能接受。对毛泽东的缺点和错误,不是不能批评,但要求我们采取历史唯物主义的态度,在掌握全面情况的基础上,从总结历史经验的角度,去分析研

---

[1]《江泽民文选》第1卷,人民出版社2006年版,第347页。

究，得出正确结论。这正是党中央和邓小平所采取的一贯立场。在这个问题上，一定要保持清醒的头脑。苏联的沉痛教训不可不记取。

今天，我们重温一下老一辈革命家黄克诚十七年前说过的两段话，还是很受教育的。他说："毛主席晚年的雄心壮志仍然非常之大，想在自己这一生中把本来要在几百年才能办到的事情，在几年、几十年之内办到，结果就出了乱子。尽管这些乱子给我们党和人民带来了不幸和创伤，但从他的本意来讲，还是想把人民的事情办好，把革命事业推向前进。他为了这个理想操劳了一辈子。毛主席所犯的错误是一个伟大革命家的错误。因此，我们在纠正他所犯的错误，总结经验时，还是应该抱着爱护、尊敬的心情来谅解他老人家。"

"有些同志对毛主席说了许多极端的话，有的人甚至把他说得一无是处。我认为这是不对的，这样做不但根本违反事实，而且对我们的党和人民都非常不利。有些同志，特别是那些受打击、迫害的同志有些愤激情绪是可以理解的。大家知道，在毛主席晚年，我也吃了些苦头。但我觉得，对于这样关系重大的问题，决不能感情用事，意气用事。我们只能从整个党和国家的根本利益、从十亿人民的根本利益出发，从怎样做才有利于我们的子孙后代、有利于社会主义革命事业出发来考虑问题。多少年来，举世公认毛主席是我们党和国家的领袖，是中国革命的象征，这是合乎实际的。丑化、歪曲毛主席，只能丑化、歪曲我们的党，丑化、歪曲我们的社会主义祖国。那样做，会危害党和国家的根本利益，危害十亿人民的根本利益。"

第二，党的两个理论成果是一脉相承的。邓小平理论是毛泽东思想的继承和发展。从毛泽东思想发展到邓小平理论，反映了马克思主义中国化的历史过程。毛泽东是倡导马克思主义中国化的第一人，是这一事业的开辟者和奠基者。马克思主义产生于欧洲。由欧洲形式的马克思主义，变为中国形式的马克思主义，并用以指导中国革命取得成功，这是一项非常艰难而又辉煌的事业。这在马克思主义发展史上是了不起的事情，在中国近代史上也是了不起的事情。邓小平是这一事业的最杰出的继承者和开拓者。他在新的历史条件下，把马克思列宁主义、毛泽东思想大大地推向前进，并用以指导建设有中国特色的社会主义事业取得成功，这同样是一项非常艰难而又辉煌的事业，同样是马克思主义发展史上和中国当代史上了不起的事情。两次历史性飞跃，两大理论成果，是马克思主义中国化在不同历史时期的两个阶段，统一于中国近现代历史的全过程。没有前者，就没有后者。同样，没有后者，前者也就停止了生命。邓小平理论正是在继承和坚持毛泽东思想的基础上发展而来的，否定了毛泽东思想，也就否定了邓小平理论的根基。我们在深刻认识邓小平理论的历史地位的时候，不能不回顾马克思主义中国化的全部历史，不能不回顾从毛泽东思想到邓小平理论的发展过程。任何把毛泽东思想和邓小平理论割裂开来、对立起来的说法和做法，都是不正确的。十五大报告也指出："马克思列宁主义、毛泽东思想一定不能丢，丢了就丧失根本。"[1]

第三，邓小平理论在马克思主义的发展史上占有独特的历史地位。"什么是社会主义、怎样建设社会主义"这个根本问题，无论是马克思主义经典作家，还是毛泽东，由于时代所限和经验不足，没有能够很好地解决。邓小平抓住实事求是这个马克思列宁主义、毛泽东思想的精髓，总结了社会主义国家正反两方面的经验教训，特别是总结了中国社会主义建设的经验教训，又吸取和总结了十一届三中全会以来群众创造的新经验，紧紧围绕"什么是社会主义、怎样建设社会主义"这个根本问题，第一次比较系统地回答了在中国这样的经济文化比较落后的国家如何建设社会主义，如何巩固和发展社会主义的一系列基本问题。现在已经可以看出，这些理论观点具有普遍性的意义。

党的十五大报告指出，邓小平理论是马克思主义在中国发展的新阶段。其所以"新"，就因为在一系列重大理论问题上，邓小平理论对马克思主义有了突破性发展，包括：社会主义本质理论，社会主义初级阶段理论，社会主义市场经济理论，社会主义改革开放理论，社会主义精神文明建设理论，科学技术

---

[1]《江泽民文选》第2卷，人民出版社2006年版，第12页。

是第一生产力理论,"一国两制"理论,等等。这些,都是在马列的书本上和毛泽东的书本上找不到的新东西,有的甚至是改变了他们提出的虽然符合当时的实际但是已经不符合今天的实际,或者在当时就不符合实际的一些理论观点,使我们对于社会主义获得了全新的认识。邓小平在解决社会主义建设过程中出现的新问题时,首先不是从本本里找答案,而是从实践中找答案,然后把实践经验概括成为理论。如果说,马克思主义使社会主义从空想变为科学,邓小平理论则进一步使社会主义从理想更接近于实际。这些新东西的提出,是邓小平根据中国和世界发展的新情况,创造性地提出的。

党的十五大报告对邓小平理论的历史地位、指导意义、科学体系和时代精神作了新的阐述,我们理论工作者要认真学习十五大报告,在十五大报告的新的认识起点上,深化对邓小平理论的研究。

第四,研究邓小平理论,要结合研究十一届三中全会以来的文献和江泽民同志的讲话、报告等。

马克思列宁主义、毛泽东思想、邓小平理论是科学,要随着实践的发展而不断地向前发展。世界在变化,中国在变化,科学技术的迅速发展正在引起人类社会的生活方式和思维方式的深刻变化。新的情况、新的问题,层出不穷。邓小平南方谈话和党的十四大以来,中国的改革开放和社会主义现代化事业进入了一个新的阶段。以江泽民为核心的党中央驾驭全局,审时度势,以马克思列宁主义、毛泽东思想、邓小平理论为指导,回答和解决了在建设有中国特色的社会主义事业中提出的许多理论问题和实际问题。党的十五大,在理论和实践问题上有一系列新的突破,运用邓小平理论解决中国经济、政治、文化发展的一系列重大问题。我们党对建设有中国特色社会主义的认识达到了新的高度。理论工作者应当深入研究这些问题,使理论研究不断向前发展。

邓小平与中国社会主义的命运＊

上世纪90年代，世界上第一个社会主义国家苏联解体，东欧各社会主义国家纷纷变天。而社会主义中国，在共产党领导下，在社会主义改革开放和现代化建设的道路上阔步前进，取得举世瞩目的成就。人们会问：原因何在？答案很清楚，就是以邓小平为核心的党的第二代中央领导集体，成功地开辟了一条中国特色社会主义道路，创立了邓小平理论。中国特色社会主义道路，是在以毛泽东为核心的党的第一代中央领导集体创立的社会主义制度基础上走出来的；邓小平理论则是对毛泽东思想的继承和发展。

"文化大革命"结束以后，中国向何处去，中国的社会主义事业在经历曲折和挫折后如何向前发展？这个问题严峻地摆在中国共产党和中国人民面前。有人主张继续沿着"以阶级斗

＊ 这是作者2014年8月6日在中央文献研究室、中国中共文献研究会召开的纪念邓小平诞辰110周年研讨会上的发言，发表在《求是》杂志2014年第15期，文字作了一些压缩。

争为纲"的路子走下去,"文化大革命"的失败,已经证明这个指导思想是错误的;也有人主张退回去"补资本主义的课",走西方的道路,中国近百年的历史早已证明,这条路在中国是走不通的。

中国应该坚持走什么道路,中国的社会主义事业应该选择什么样的发展道路?解决这个问题的历史责任,落在以邓小平为核心的党的第二代中央领导集体身上。

一

经历了十年"文化大革命",人们的思想被"以阶级斗争为纲"的"左"的指导思想严重地束缚住,思想僵化、迷信盛行的现象相当严重,而"文化大革命"在政治、经济、文化、社会等方面留下的问题堆积如山,党和国家面临的工作局面错综复杂。要改变这种状况,推动中国社会主义事业继续向前发展,从何处着手呢?邓小平首先抓住端正思想路线这个关键问题。我们党的全部历史证明,思想路线正确与否,是决定一切的。思想路线是确定政治路线、组织路线的基础。邓小平针对当时党内的思想状况,认为必须"打破精神枷锁",使大家的思想"来个大解放"。他在十一届三中全会前的中央工作会议上的讲话中尖锐指出:"一个党,一个国家,一个民族,如果一切从本本出发,思想僵化,迷信盛行,那它就不能前进,它的生机就停止了，就要亡党亡国。"[1]他从批评"两个凡是"和支持关于真理标准问题的大讨论入手，强调要完整地准确地理解毛泽东思想，强调毛泽东思想的精髓是实事求是，必须重新恢复和坚持实事求是的思想路线。这就为正本清源、拨乱反正，开辟中国社会主义事业新的发展道路，奠定了正确的思想基础。

中共十一届三中全会果断地纠正了"以阶级斗争为纲"的"左"的指导思想，决定将党和国家的工作中心转到经济建设上来，确立以经济建设为中心、一心一意搞社会主义现代化建设的政治路线。邓小平是制定这条政治路线的主要领导人之一。他要求全党抓住现代化建设这个根本环节，扭住不放，认为这是"最根本的拨乱反正"，"是决定祖国命运的千秋大业"。"文化大革命"给国家和人民所造成的严重后果，引起邓小平进行深刻的理论思考。他向全党和全国人民提出了一个极为重要的问题：要搞清楚什么是社会主义，如何搞社会主义，社会主义的根本任务是什么。这个问题的提出，使人耳目一新。这是涉及马克思主义的根本的重大理论问题。邓小平的回答明确而肯定："社会主义的根本任务是发展生产力。"本来党的八大就已经明确提出了这个思想，但是没有坚持，后来一步一步走上"以阶级斗争为纲"的路子。我们说，社会主义时期在一定

---

[1]《邓小平文选》第2卷，人民出版社1994年版，第143页。

范围内还存在着阶级斗争，这是对的；但是以阶级斗争为纲，把阶级斗争扩大化、绝对化，那是完全错误的。邓小平恢复和发展了八大路线，并从理论上进行了深入的阐述。他说："马克思主义的基本原则就是要发展生产力。马克思主义的最高目的就是要实现共产主义，而共产主义是建立在生产力高度发展的基础上的。社会主义是共产主义的第一阶段，是一个很长的历史阶段。社会主义的首要任务是发展生产力，逐步提高人民的物质和文化生活水平。"[1]

党的思想路线、政治路线确立了，那么由什么样的人去执行，这个非常现实而紧迫的组织路线问题，也随之提到了全党的面前。邓小平说：党的思想路线和政治路线已经确立了。"现在我们还没有解决的问题是什么呢？是组织路线问题。这是一个很重要的问题。政治路线确立了，要由人来具体地贯彻执行。由什么样的人来执行，是由赞成党的政治路线的人，还是由不赞成的人，或者是由持中间态度的人来执行，结果不一样。这就提出了一个要什么人来接班的问题。"[2]他认为："中国的稳定，四个现代化的实现，要有正确的组织路线来保证，要有真正坚持马克思列宁主义、毛泽东思想和党性强的人来接班才能保证。"[3]后来，关于要实现干部队伍的"革命化、年轻

---

[1]《邓小平文选》第3卷，人民出版社1993年版，第116页。
[2]《邓小平文选》第2卷，人民出版社1994年版，第191页。
[3] 同上书，第193页。

化、知识化、专业化"等一系列解决组织路线问题的政策措施，就相继提了出来并迅速加以实施。

二

思想上、政治上、组织上的拨乱反正，从根本上否定"文化大革命"，都是纠正党内长期存在的"左"的错误。而随着纠"左"工作的深入，右的思潮乘机冒出来了。这股思潮的矛头所向和政治实质，就是反对四项基本原则，特别是反对共产党的领导和社会主义道路。在这样的大是大非面前，邓小平毫不含糊，如同纠"左"一样，充分表现出他的政治洞察力和政治坚定性。他旗帜鲜明地提出，必须在思想政治上坚持四项基本原则，对反对四项基本原则的右的思潮必须进行批判。他指出，四项基本原则是实现社会主义现代化的根本政治保证，如果动摇了其中的任何一项，那就动摇了整个社会主义事业、整个现代化建设事业。坚持四项基本原则，主要是坚持社会主义道路，特别是坚持中国共产党的领导。坚持四项基本原则成为我国的立国之本，为开辟新道路奠定了政治基础。

要进行党的思想路线、政治路线和组织路线的拨乱反正，不能不对建国以来的历史，特别是"文化大革命"的历史进行反思和总结。《关于建国以来党的若干历史问题的决议》，就是由邓小平等老一辈革命家提出并在他们的主持下作出的。决议对建国以来一些重大历史问题，进行全面的实事求是的分析，达到了分清是非、正确总结历史经验的目的。既指出社会主义建设中发生的失误，又肯定取得的巨大成就；既指出毛泽东晚年所犯的严重错误，又科学地确立毛泽东和毛泽东思想的历史地位。正如邓小平所指出的："这对我们统一党内的思想，有很重要的作用。""今后作为一个共产党员来说，要在这个统一的口径下来讲话。思想不通，组织服从。相信这个决议能够经得住历史考验。"[1]无论是从当时，还是从此后几十年的历史发展来看，作出这个决议和不作出这个决议，大不一样。经历了改革开放以来三十多年的历程，《决议》经受住了历史的考验，对于保持全党在思想上政治上的统一，维护国家和社会的安定团结，发挥了至关重要的作用。

如果说，党的第一个历史决议为中共七大顺利召开奠定了思想基础；那么，党的第二个历史决议则为中共十二大的顺利召开提供了良好的思想政治条件。就在十二大的开幕词中，邓小平提出"建设有中国特色的社会主义"这个极为重要的思想。他说："把马克思主义的普遍真理同我国的具体实际结合起来，走自己的路，建设有中国特色的社会主义，这就是我们总结长期历史经验得出的基本结论。"[2]建设有中国特色的社会主义，

---

[1]《邓小平文选》第2卷，人民出版社1994年版，第383页。
[2]《邓小平文选》第3卷，人民出版社1993年版，第3页。

成为党和国家在新的历史时期建设社会主义的伟大旗帜，成为中国社会主义事业发展的新的正确道路。

进行拨乱反正，提出改革开放的新政策，开辟建设中国特色社会主义的新道路，充分表现出邓小平巨大的政治勇气和政治智慧。提出并亲自主持历史决议的起草，在纠正毛泽东晚年所犯错误的同时，坚定不移地维护毛泽东的历史地位和毛泽东思想在全党的指导地位，同样充分表现出邓小平巨大的政治勇气和政治智慧。这两件大事，都关系着中国社会主义的前途和命运。

三

自从十一届三中全会决定将工作中心转移到经济建设上来，邓小平就开始规划我国社会主义现代化建设的发展战略，逐步形成分三步走的战略。第一步，20世纪80年代的十年，国民生产总值翻一番，达到温饱水平。第二步，20世纪90年代的十年，国民生产总值再翻一番，达到小康水平。第三步，再花三十年到五十年时间，达到中等发达国家水平，基本实现现代化。他说："到那时，社会主义中国的分量和作用就不同了，我们就可以对人类有较大的贡献。"[1]"这不但是给占世界总人口四分之三的第三世界走出了一条路，更重要的是向人类

---

[1]《邓小平文选》第3卷，人民出版社1993年版，第143页。

表明，社会主义是必由之路，社会主义优于资本主义。"[1]

"三步走"的发展战略，涉及一个实现中国社会主义现代化的时间问题。从上世纪60年代，我们党就提出到世纪末实现工业、农业、国防和科学技术四个现代化，作为奋斗目标，一直延续下来，并发展到要全面实现中国的社会主义现代化，不仅仅是四个现代化。邓小平考虑到中国人口多、底子薄和经济文化比较落后的实际情况，认为20世纪末实现现代化是不可能的。为了同过去的提法相衔接，邓小平用了一个新词儿，叫"中国式的现代化"。他解释说：我们"叫中国式的现代化，就是把标准放低一点"[2]。后来又改为经济发展和人民生活达到"小康水平""小康社会"。在"小康"目标实现后，再用几十年到21世纪即中华人民共和国成立一百周年时，达到第三步目标，基本实现现代化。这样就使我们党的奋斗目标既有雄心壮志又有充分的实现条件和保证。

现在第一步、第二步目标都已经提前实现了，正在向着第三步目标稳步前进。完全可以预料，第三步目标也是可以提前实现的。这种自信心，来自我们党领导下的中国人民的奋发图强精神和伟大创造力，来自社会主义制度的优越性。

---

[1]《邓小平文选》第3卷，人民出版社1993年版，第225页。
[2]《邓小平文选》第2卷，人民出版社1994年版，第194页。

四

党和国家的工作中心和实现社会主义现代化的奋斗目标确定了，发展战略作出了，那么采取什么政策去实现它呢？邓小平提出了一个全新的政策，这就是改革开放。改革开放，十一届三中全会就提出来了，而系统阐述、设计、决策并指导全力推进的是邓小平。他以宽阔的世界眼光和长远的历史视角，立足于中国的国情，排除来自"左"的和右的干扰，推进改革开放事业大胆而稳步地、有领导有秩序地前进。他说："如果现在再不实行改革，我们的现代化事业和社会主义事业就会被葬送。"[1]"不开放不改革没有出路，国家现代化建设没有希望。"[2]

改革，是全面的改革，包括经济、政治、文化、科技、教育等各个方面。它是对体制、机制和其他具体制度的改革，而不只是作一些细枝末节的修修补补。目的是要改变那些不适应并已经妨碍生产力发展和经济社会进步的体制、机制以及革除其他具体制度中存在的弊端，以利于进一步解放和发展生产力，更好地促进经济和社会的进步。所以这种改革是革命性的变革，是为了使我国社会主义制度得到自我完善和发展。正因

---

[1]《邓小平文选》第2卷，人民出版社1994年版，第150页。
[2]《邓小平文选》第3卷，人民出版社1993年版，第219页。

为如此，邓小平把改革称为中国的"又一次革命"或者说"第二次革命"。

开放，是全方位的开放，对世界所有国家都开放，对各种类型的国家都开放。开放的方式也是多样化的，从兴办经济特区，到开放沿海城市，再到扩大对外开放区域，分阶段、分层次地逐步展开。邓小平对我国的开放政策作了很多深刻的阐述。他说："社会主义要赢得与资本主义相比较的优势，就必须大胆吸收和借鉴人类社会创造的一切文明成果，吸收和借鉴当今世界各国包括资本主义发达国家的一切反映现代社会化生产规律的先进经营方式、管理方法。"[1]

实行改革开放，是我国社会主义事业发展新时期的最鲜明的特点，是中国特色社会主义一个基本的特色。对内改革与对外开放，是紧密相连、相辅相成的，二者缺一不可。目的都是为了解放和发展中国的社会生产力，并在此基础上促进中国经济、政治、文化、社会的全面进步，最终达到国家的繁荣富强和人民的共同富裕。事实已经证明，通过改革开放，我们国家的上上下下和各行各业充满了生机和活力。我们只用了三十几年的时间，就在建国以后前三十年发展的基础上迅速提升为世界第二大经济体；只用了几十年的时间就走完了西方发达国家走了几百年的经济发展路程。中国取得的发展成就大大提高了社会主义在世界上的影响

---

[1]《邓小平文选》第3卷，人民出版社1993年版，第373页。

力。如果不搞改革开放,我们国家就不可能有今天这样繁荣昌盛的局面,就不可能有今天这样的国际地位。所以邓小平说:"坚持改革开放是决定中国命运的一招。"[1]

毫无疑义,改革开放有一个沿着什么方向、遵循什么指导思想进行的问题。方向问题、指导思想问题,极为重要。方向不明确或不正确,指导思想不明确或不正确,就会走到邪路上去。我们的国家是社会主义国家,我们进行的改革开放叫作社会主义的改革开放。这就决定了它必须坚持社会主义的方向,必须坚持马克思主义的指导思想。在这个根本问题上,我们党是非常清醒非常明确的。邓小平反复说:"在改革中坚持社会主义方向,这是一个很重要的问题。"[2]又说:"我们执行对外开放政策,学习外国的技术,利用外资,是为了搞好社会主义建设,而不能离开社会主义道路。"[3]

关于改革开放的性质、目的、原则、条件等,邓小平都有明确的意见和精确的语言。第一,改革的性质,是为了扫除发展社会生产力的障碍,是社会主义制度的自我完善。[4]第二,改革总的目的是:"要有利于巩固社会主义制度,有利于巩固党的领导,有利于在党的领导和社会主义制度下发展生产

---

[1]《邓小平文选》第3卷,人民出版社1993年版,第368页。
[2] 同上书,第138页。
[3] 同上书,第195页。
[4] 同上书,第134、135页。

力。"[1]第三，改革的原则，在经济制度方面，"始终坚持两条根本原则，一是以社会主义公有制经济为主体，一是共同富裕"[2]。他多次讲："一个公有制占主体，一个共同富裕，这是我们必须坚持的社会主义的根本原则。"[3]在政治制度方面，基本原则是决不能照搬西方的政治制度、政治体制。他说："一般讲政治体制改革都讲民主化，但民主化的含义不十分清楚。资本主义社会讲的民主是资产阶级的民主，实际上是垄断资本的民主，无非是多党竞选、三权鼎立、两院制。我们的制度是人民代表大会制度，共产党领导下的人民民主制度，不能搞西方那一套。社会主义国家有个最大的优越性，就是干一件事情，一下决心，一做出决议，就立即执行，不受牵扯。"[4]第四，保证中国改革开放的政策不会导致资本主义必须有两个条件，一个是经济上发展多种经济成分但社会主义的比重必须始终占优势，一个是思想政治上必须始终教育人民坚持四项基本原则。一个是经济基础方面的保证，一个是上层建筑方面的保证，缺少哪一个方面都不行。

在讲到中国改革开放的意义时，邓小平曾经豪迈地说："现在我们干的是中国几千年来从未干过的事。这场改革不仅影响

---

[1]《邓小平文选》第3卷，人民出版社1993年版，第241页。
[2] 同上书，第142页。
[3] 同上书，第111页。
[4] 同上书，第240页。

中国，而且会影响世界。"[1]事实已经证明了这一点，而且还会继续证明这一点。反观当年苏联的改革，从赫鲁晓夫到戈尔巴乔夫，他们走的是什么路子，采取的是什么方法，完全是违背社会主义制度、社会主义方向的，最后落得一个制度变质、国家解体的境况，同我们国家形成了强烈的对比。这是很值得国人深刻思考和总结的。

五

我国改革开放和社会主义现代化建设的过程中，始终存在着四项基本原则同资产阶级自由化的矛盾和斗争。邓小平曾经指出："我们搞四个现代化建设，人们常常忘记是什么样的四个现代化，是社会主义的四个现代化。"[2]"有些人脑子里的四化同我们脑子里的四化不同。我们脑子里的四化是社会主义的四化。他们只讲四化，不讲社会主义。这就忘记了事物的本质，也就离开了中国的发展道路。这样，关系就大了。在这个问题上我们不能让步。这个斗争将贯穿在实现四化的整个过程中。"[3]1989年春夏之交出现的政治风波，矛头直指中国共产党的领导和社会主义制度，正是四项基本原则同资产阶级自由

---

[1]《邓小平文选》第3卷，人民出版社1993年版，第118页。
[2] 同上书，第173页。
[3] 同上书，第204页。

化矛盾和斗争尖锐化的集中表现。在邓小平和其他老一辈革命家的坚定支持下，我们党果断而坚定地平息了那场政治风波，捍卫了社会主义，避免了一场大灾难，这才有了今天我国这样一个安定团结、繁荣昌盛的局面。

从这里我们得到了两条重要启示。

第一，中国要发展，必须有一个稳定的政治环境和安全的舆论环境。当危害国家稳定和发展大局的错误倾向露出苗头的时候，邓小平就提出警告："中国的问题，压倒一切的是需要稳定。""凡是妨碍稳定的就要对付，不能让步，不能迁就。"又说："中国要发展起来，要实现四化，政治局面不稳定，没有纪律，没有秩序，什么事情都搞不成功。"[1]邓小平讲发展是硬道理，党中央也一再强调发展是第一要务，但是如果没有稳定的政治环境，发展就无从谈起，发展起来的成果也会丧失掉。而稳定的政治环境同安全的舆论环境是密不可分的。可以设想，中国这样一个拥有十三亿人口和九百六十万平方公里国土面积的大国，一旦出现动乱，任其发展，不仅对自身会造成灾难，而且会影响到世界。

第二，中国要发展，必须坚持"一个中心、两个基本点"的基本路线。邓小平强调指出："一个中心、两个基本点"的

---

[1]《邓小平文选》第3卷，人民出版社1993年版，第284、286、249页。

战略布局"我们一定要坚持下去，永远不改变"[1]。

坚持党的基本路线，要始终坚持以经济建设为中心不动摇。除非发生大规模外敌入侵，无论在什么情况下都不能动摇这个中心。这是鉴于在我们党和国家的历史上，曾经发生过由于没有能够清醒地对待国际国内某些事件，而离开经济建设这个中心的严重失误。坚持党的基本路线，还必须处理好改革开放和四项基本原则这两个基本点的关系，把它们统一起来。它们是"互相依存的"，二者缺一不可，不能偏废。要在坚持四项基本原则的前提下实行改革开放，而改革开放又赋予四项基本原则以新的时代内容。只坚持四项基本原则，不搞改革开放，就会回到封闭僵化的老路。只搞改革开放，不坚持四项基本原则，就会走上改旗易帜的邪路。这些，都会危害中国的社会主义事业。

六

上世纪80年代末90年代初，我们党和国家经受了国际国内政治风波的严峻考验。现实向人们提出了许多问题，主要是中国改革开放和社会主义现代化建设应当怎样继续向前发展。就在这个重要历史关头，邓小平发表了南方谈话。在南方谈话

---

[1]《邓小平文选》第3卷，人民出版社1993年版，第345页。

精神的指导下，我们党召开了十四大。这次大会对邓小平关于建设有中国特色社会主义理论的主要内容进行了概括，同时确定以建立社会主义市场经济作为我国经济体制改革的目标。以邓小平发表南方谈话和党的十四大为标志，我国改革开放和社会主义现代化建设进入一个新的阶段，我国的经济发展走上了又好又快的发展轨道。

在邓小平逝世那一年召开的党的十五大，将邓小平关于建设有中国特色社会主义的理论定名为邓小平理论，同马克思列宁主义、毛泽东思想并列为党的指导思想，并提出用邓小平理论武装全党的任务。江泽民在大会的报告中，对邓小平理论的历史地位和指导意义进行了系统阐述。他说：马克思列宁主义同中国实际相结合有两次历史性飞跃，产生了两大理论成果。第一次飞跃的理论成果是毛泽东思想，第二次飞跃的理论成果是邓小平理论。"实践证明，作为毛泽东思想的继承和发展的邓小平理论，是指导中国人民在改革开放中胜利实现社会主义现代化的正确理论。在当代中国，只有把马克思主义同当代中国实践和时代特征结合起来的邓小平理论，而没有别的理论能够解决社会主义的前途和命运问题。"[1]

---

[1]《江泽民文选》第2卷，人民出版社2006年版，第9页。

七

　　从党的十一届三中全会到十四大，是中华人民共和国历史上极其重要的一个阶段。作为改革开放和社会主义现代化建设总设计师的邓小平，在这段历史的进程中起着关键的作用。每到一个历史节点和重要时刻，他总能抓住对全局有决定意义的一着，破解历史难题，作出重大决策，打开新局面，推动改革开放和社会主义现代化建设向前发展，使中国的经济发展和社会进步呈现出日新月异的面貌。开辟中国特色社会主义道路，创立邓小平理论，在我们党和国家进行改革开放和现代化建设的进程中，是具有深远意义的大事。邓小平作为总设计师和核心领导人，为此做出了不可磨灭的历史贡献。他创造性地发展了科学社会主义的理论和实践，创造性地发展了马克思列宁主义、毛泽东思想。中国社会主义现代化建设事业正在阔步前进中。邓小平理论同其他科学理论一样，也在随着实践的发展而发展，已经形成了中国特色社会主义理论体系。现在，我们党和全国人民，正在以习近平同志为总书记的党中央带领下，满怀信心地沿着中国特色社会主义道路，为实现中华民族伟大复兴的中国梦而努力奋斗。中国人民和中华民族的前程是十分光明的。